MEXIKO

MEXIKO

Text
Sigrid Diechtl

Fotografie
Christian Heeb

BUCHER

Inhalt

12 «Das letzte magische Land»

Landschaft bei Cuautla mit dem Popocatépetl.

50 Im Herzen des Aztekenreichs

Siqueiros-Gebäude, Mexiko-Stadt.

70 Haciendas, Klöster und Paläste

Kathedrale in Zacatecas.

Sanddünen bei Viesca (Coahuila).

Indianermädchen in Oaxaca-Stadt.

Kukulkánpyramide in der Mayastätte Chichén Itzá (Yucatán).

Karibikküste bei Cancún.

«Nada cuesta una sonrisa» – «ein Lächeln kostet nichts», meint ein mexikanisches Sprichwort, und tatsächlich kann sich kaum ein Reisender dem Charme des Landes und der Menschen entziehen. Ein Besuch der romantischen Kolonialstädte gehört zum Pflichtprogramm im zentralen Hochland und San Miguel de Allende (rechts) zu den schönsten.

e TURISMO
L ESTADO
rollo Económico

In einzigartiger Lage thront Tulum, eine alte Festungsstadt der Maya, auf Felsklippen über der türkis schimmernden Karibik.

«Mexiko, gewaltig in Entwurf und Farbe..., Mexiko hüllte mich ein in seine Zauberei und sein Licht.»

Pablo Neruda

Die abgeschiedenen Schluchten der Sierra Madre Occidental, Heimat der Tarahumara, endlose Wüsten und das Naturparadies Baja California – **der wilde Norden** bietet Landschaften von archaischer Schönheit.

Bizarre Felsformationen, Agaven, Kakteen und Maisfelder – im malerischen **zentralen Hochland** zeugen prächtige alte Silberstädte wie Guanajuato oder Zacatecas vom einstigen Reichtum der Minen.

Pyramiden und Kolonialkirchen, beschauliche Indianerdörfer und quirliges Großstadtleben – in **Mexiko-Stadt und Umgebung** erwarten den Besucher vielfältigste Attraktionen.

Im Dschungel versteckte Tempel, Pyramiden und Wasserfälle – **Chiapas und die Halbinsel Yucatán** begeistern durch einzigartige Mayastätten und die Traumstrände der mexikanischen Karibik.

Acapulco, die Zapotekenstätte Monte Albán und die wunderschöne Stadt Oaxaca gehören zu den Höhepunkten einer Reise **von Puerto Vallarta nach Veracruz**.

«Das letzte magische Land»

Mit diesen Worten hat der große chilenische Schriftsteller und Nobelpreisträger Pablo Neruda Mexiko beschrieben und damit jene Stimmung zum Ausdruck gebracht, die fast alle seine Besucher spontan in ihren Bann zieht. Worin liegt dieser einzigartige Zauber, den das facettenreiche Land auf die restliche Welt ausstrahlt?

Zweifellos fasziniert Mexiko durch seine extrem vielfältige landschaftliche Schönheit – die weißen Strände seiner langen Pazifik- und Karibikküsten, die weiten Wüstengebiete im Nordwesten, die tropischen Regenwälder im Südosten oder die schneebedeckten Gipfel der Vulkane im zentralen Hochland.
Ein geheimnisvoller Reiz umgibt aber auch die Ruinen der uralten Pyramiden, Tempel und Paläste, die in verschiedenen Teilen des Landes ausgegraben und rekonstruiert wurden und von jenen längst vergangenen Kulturen zeugen, die schon vor 3000 Jahren große Städte errichteten, ein Schriftsystem entwickelten, die Null erfanden und die Grundlagen zu einem Kalendersystem festlegten, das an Genauigkeit bis heute unübertroffen bleibt.

«Bienvenido» – Willkommen in Mexiko! Mit großem Sombrero und Galaanzug begrüßt dieser Portier in Cabo San Lucas (Baja California) die Hotelgäste.

Auch die Gegenwart ist indianisch geprägt: In den zeitlosen Dörfern der etwa fünfzig verschiedenen indianischen Kulturen, die fast fünfhundert Jahre lang Krankheiten, Zwangsarbeit, Unterdrückung, Verfolgung, religiöse Bekehrung durch die frommen Padres sowie Mestizierung durch die weniger frommen Eroberer überlebt haben, erwartet den Besucher in ihren Kirchen, auf ihren lebendigen Märkten und bei ihren traditionellen Fiestas eine ebenso fremde wie faszinierende Welt.

Sogar in der mexikanischen Hauptstadt und in anderen modernen Städten zieht sich ein besonderer Zauber durch die bunten Alltagsmärkte, auf deren – oft mit Zierblättern geschmückten – Ständen das einladend frische Gemüse und Obst, die bunten Blumen, die phantasievollen handwerklichen Kunstgegenstände – und ja, auch billiges Plastikspielzeug oder gebrauchte amerikanische Kleidung – in dermaßen liebevollen Präsentationen dargeboten werden, daß keine Tomate («tomatl»

in Náhuatl, der Aztekensprache) dem Zufall überlassen bleibt. Nie käme es einer mexikanischen Marktfrau in den Sinn, ihr Obst und Gemüse in häßlichen Steigen anzubieten; diese dienen ausschließlich dem An- und Abtransport der Ware.

Einen tiefen Eindruck hinterlassen auch Mexikos zahlreiche künstlerische Manifestationen wie zum Beispiel der mit Bildern und Wandmalereien von Rufino Tamayo und David Alfaro Siqueiros geschmückte Palast der Schönen Künste in Mexiko-Stadt. Hier treten nicht nur internationale Dirigenten und Opernstars auf, sondern auch das weltberühmte Ballet Folklórico, das mit seiner hervorragenden Choreographie und den prachtvollen, bunten Kostümen das antike und moderne Mexiko der Künste und der Künstler auf die Bühne zaubert.

Der Zauber ist gegenwärtig bei einer Fahrt durch die Kanäle von Xochimilco, dem letzten Relikt der alten Aztekenmetropole Tenochtitlán, und er füllt die Atmosphäre der Plaza Garibaldi, dem fröhlichen Zentrum der Mariachi-Musik im Herzen von Mexiko-Stadt, das – ebenso wie Xochimilco – von Einheimischen genauso gern aufgesucht wird wie von ausländischen Besuchern.

Für diese liegt Mexikos magische Anziehungskraft nicht zuletzt an der mitreißenden Fröhlichkeit und herzlich-hilfs-

«Mexiko lebt auf seinen Märkten», heißt es in den Memoiren von Pablo Neruda. Der Besuch eines «Mercado» (oben in Malinalco südlich von Mexiko-Stadt, links in Oaxaca-Stadt) gehört noch immer zum Pflichtprogramm jedes Mexiko-Besuchers, denn, so der chilenische Dichter, es sind «die schönsten Märkte der Welt».

Kollektive Mißachtung der Vorschriften prägt das Verkehrsgeschehen, Gesten und Blicke ersetzen in Mexiko oft Vorfahrtsregeln: Familienausflug in Torreón im Bundesstaat Coahuila.

bereiten Gastfreundschaft seiner Bewohner, ihrem ansteckenden Optimismus und ihrer Fähigkeit, mit Hilfe ihrer heiteren Musik, ihrem scharfen Sinn für Humor, ihrem oft einfachen, aber immer köstlich schmeckenden Essen und ihren vielen familien- und traditionsgebundenen Fiestas die Hürden des Alltags zu überwinden. Wie groß diese auch sein mögen – «hay que salir adelante», lautet der vielzitierte Schlußsatz auf einen Schicksalsschlag, der zwar unserem «es muß weitergehen» ähnlich ist, aber eigentlich ein aktives «MAN muß weitergehen» zum Ausdruck bringt.

Dabei verlassen sich Mexikos Bewohner weniger auf ihre Regierung als auf ihre Familie, die normalerweise sehr zahlreich ist, nicht oder nicht nur wegen ihres Kinderreichtums, sondern vor allem wegen der Einbeziehung aller möglichen weitschichtigen Verwandten in den Familienkreis, die dem verwirrten europäischen Gast bei der Vorstellung ausführlich erläutert werden. Die mexikanische Großfamilie hat auch im modernen Mexiko ihre Bedeutung beibehalten. Sie bietet Schutz, Geborgenheit und einen Rückhalt für Notfälle. Daher begnügt sich der Mexikaner nicht nur mit seiner biologischen oder angeheirateten Verwandtschaft, sondern er sucht sich zusätzlich noch seine eigenen Wahlverwandten aus, die «compadres» und «comadres» (Gevatter). Bei Taufen, Hochzeiten oder auch Abschlußfeiern

werden jeweils mehrere Freunde gleichzeitig gebeten, die Patenschaft für das Taufkleid, die Taufkerze, den Brautkranz oder den bei Abiturfeiern verliehenen Ring zu übernehmen. Dadurch werden sie automatisch in den Familienkreis eingeschlossen. Kein Wunder, daß ein Mexikaner mit Familiensinn für jeden wichtigen Anlaß spontan dreihundert Gäste, die alle irgendwie mit ihm verwandt sind, aus dem Ärmel zaubern kann!

Die Mexikaner sind überaus stolz auf ihre Heimat. «Como México no hay dos» (etwa: «So ein Land wie Mexiko gibt's kein zweites Mal»), erklärt der Fahrer des Flughafentaxis seinem eben erst eingetroffenen ausländischen Fahrgast. Und er erläutert dem Besucher: «Wir haben in unserem Land einfach alles – die schönsten und vielfältigsten Landschaften, zwei Weltmeere mit traumhaften Stränden, die ältesten und bedeutendsten Kulturen UND das beste Klima! Manchmal können Sie hier sogar alle vier Jahreszeiten an einem einzigen Tag erleben!» Wie recht er damit hat, zeigte sich am Nordrand von Mexiko-Stadt am Tag des Frühlings-

Hochzeitsfoto im Städtchen Dolores Hidalgo im zentralen Hochland. Die Familie ist das Herzstück der mexikanischen Gesellschaft und selten klein.

Aufmerksam lauscht die Schulklasse in San Miguel de Allende ihrem Lehrer. Auch wenn die Zahl der Mädchen steigt, die einen Schulabschluß machen und einen Beruf ergreifen, bleibt für die meisten Mexikanerinnen eine andere Lebensperspektive als die der Ehefrau und Mutter unvorstellbar.

beginns 1997, der – auch zur Verblüffung der hartgesottensten «chilangos» (ein Sammelbegriff, mit dem sich die Hauptstadtbewohner liebevoll identifizieren) – mit leichtem Schneefall begann. Der Frühling zog am Vormittag ein, danach kam der Sommer, der schließlich in eine herbstlich anmutende Abendkühle überging. Das heutige Mexiko zeigt sich so antik wie seine vorspanischen Pyramiden und Prachtbauten, so konservativ wie seine kolonialen Kirchen und Klöster und gleichzeitig so modern wie seine Börse und sein eindrucksvolles World Trade Center. Für die meisten seiner Besucher liegt seine Magie gerade in dem reizvollen Zusammenspiel dieser Kontraste.

Schneebedeckte Vulkane und Regenwälder, Küsten und Kakteen

Mexikos Landschaft ist überaus vielfältig und voller Gegensätze. Kaum hat sich das Auge an die riesigen Wüsten von Baja California und Sonora mit ihren bis zu 20 Meter hohen Kakteen gewöhnt, tauchen im Landesinneren plötzlich die Berge der Sierra Madre Occidental auf, die schließlich übergehen in die wilden, geheimnisvollen Schluchten der Barranca del Cobre.

Auch wer durch das zentrale Hochland reist, kann mehrere Klimazonen an einem einzigen Tag erleben, zum Beispiel, wenn er von Acapulco nach Veracruz fährt. Nach dem Flachland der Pazifikküste führt ihn die hervorragend angelegte «Autopista del Sol» (Autobahn der Sonne) durch den stark an Westernfilme erinnernden Bundesstaat Guerrero, wo ein stachelig-trockener Hügel den anderen ablöst und Kakteen, Akazien und bizarre Felsen ein Landschaftsbild bestimmen, bei dessen Anblick man sogar in dem mit Klimaanlage ausgestatteten Bus durstig wird. Nach zwei bis drei Stunden Fahrt erreicht er Cuernavaca, die «Stadt des ewigen Frühlings», und wirft von dort aus einen ersten Blick auf die schneebedeckten Kuppen der beiden Zwillingsvulkane Popocatépetl («Rauchender Berg») und Ixtaccíhuatl («Weiße Frau»). Der Sage nach handelt es sich beim «Popo», wie die Mexikaner ihn liebevoll nennen, um einen versteinerten Prinzen, der vor seiner ebenfalls versteinerten schlafenden Prinzessin, der «Ixtla», die ewige Wache hält. Der Popocatépetl ist bis auf 4000 Meter Höhe bequem mit dem Auto zu erreichen. Erst dort, wo die Luft schon so dünn geworden ist, daß auch der durchtrainierte Wanderer ins Schnaufen kommt, endet die Baumgrenze.

Seine Weiterreise an die Golfküste führt den Besucher durch Mexiko-Stadt nach Puebla, der «Stadt der Engel», die ihren Ruhm nicht nur den prächtigen Kirchen, Klöstern und anderen Kolonialbauten verdankt, sondern auch den VW-Werken an ihrem Stadtrand. Nach etwa 100 Kilometer Flachland tauchen die ersten Gebirgszüge am Horizont auf, überragt von der schneeweißen Kuppe des Pico de Orizaba, Mexikos höchstem Vulkan (5700 Meter). Nach der Fahrt auf einer großartig angelegten Paßstraße durch kühle, nebelige Föhrenwälder landet man plötzlich mitten in den Tropen. Riesige Mangobäume mit breiten Kronen, Bananenstauden, Zuckerrohrfelder und exotische Blumen bestimmen bald das Landschaftsbild. Die Hügel werden immer sanfter und flacher, bis der salzige Geruch von Meeresluft schließlich verrät, daß der Hafen von Veracruz nicht mehr fern ist.

Im südlichen Landesteil zieht sich die Sierra Madre del Sur durch die Bundesstaaten Guerrero und Oaxaca bis an den Isthmus von Tehuantepec, der mit 220 Kilometern Mexikos

Wer nach Mexiko reist, sollte sich auf ein anderes Zeitgefühl einstellen. Der Lebensrhythmus ist hier generell ruhig und läßt Zeit für Mitmenschliches. Das häufig gebrauchte «mañana» kann «morgen» bedeuten oder auch «nie», «ahorita» (sofort) heißt bestenfalls «demnächst»… Gitarrenspieler an der Plaza de los Mártires in Morelia (linke Seite), ein kurzer Plausch am Zócalo, dem Hauptplatz (oben), und auf dem Markt (Mitte) in Oaxaca-Stadt, Töpfer in Puebla (unten).

Idyllisch gelegene Grundschule in der Nähe der alten Kolonialstadt San Miguel de Allende.

Eselskarren contra chromblitzenden Truck im Bundesstaat Zacatecas – auch im «Land des klaren Lichts», wie der Schriftsteller Carlos Fuentes Mexiko nannte, prallen heute die Gegensätze aufeinander. Während der Staat durch die rasche Industrialisierung international zum «Schwellenland» aufrückte, blieb in den ländlichen Regionen oft alles beim alten.

schmalste Stelle zwischen den beiden Weltmeeren bildet. Östlich davon breitet sich die fast vollkommen flache, oberflächenwasserlose Halbinsel Yucatán aus, im Süden das riesige tropische Regenwaldgebiet der Selva Lacandona, das anschließende Hochland von Chiapas und der pazifische Küstenstreifen.

Mexikos Nordwest-Südost-Ausrichtung wirkt täuschend; erst bei näherem Hinsehen stellt man auf der Karte überrascht fest,

daß zum Beispiel Cancún, die «Perle der mexikanischen Karibik», weiter nördlich liegt als Mexiko-Stadt. Tijuana, die Grenzstadt zu Kalifornien, befindet sich am selben Breitengrad wie die texanische Stadt Dallas, und auch Acapulco ist nicht südlicher gelegen als das empfindlich kühle San Cristóbal de las Casas im Hochland von Chiapas nahe der guatemaltekischen Grenze.

Mexikos Klima wird also nicht in erster Linie durch seine Breitengrade bestimmt, sondern durch die jeweilige Höhenlage. Generell unterscheidet man zwei Jahreszeiten: die Regenzeit, die meist von Mai bis Oktober dauert, und die Trockenperiode von November bis Mai. Je nachdem, ob man sich in der heißen Zone, der «Tierra caliente» (bis 800 Meter), der gemäßigten Zone, der «Tierra templada» (bis 1800 Meter), oder der kalten Zone, der «Tierra fría» (darüber), befindet, betragen die jährlichen Durchschnittstemperaturen zwischen 25 und 16 Grad Celsius. Atlantische und pazifische Klimavarianten sind für bisweilen beträchtliche lokale Unterschiede verantwortlich.

Regenzeit bedeutet in Mexiko allerdings nicht monatelange monsunartige Niederschläge, sondern fast täglich (oder nächtlich) stattfindende kurze Platzregen, die man, besonders in warmen Gegenden, nicht leichtfertig als «Schlechtwetter» abtun sollte. Ein Spaziergang durch einen lauwarmen tropischen Regenguß, sei es mit Regenbekleidung oder gar in Sandalen, Shorts und T-Shirt, um so richtig klitschnaß zu werden, kann zu einem unvergeßlich schönen, fröhlichen und – bei genauer Beobachtung der Natur – auch hochinteressanten Erlebnis werden!

Berge und Hochplateaus, Flüsse und Seen prägen die vielfältige Landschaft Jaliscos (linke Seite). Das angenehme Klima und die fruchtbaren Böden lockten schon im frühen 16. Jahrhundert spanische Einwanderer in das zentrale Hochland um San Miguel de Allende (links), um dort Ackerbau und Viehzucht zu betreiben. Als besonders widerstandsfähig erwiesen sich die Zeburinder (unten).

Dank seiner Brückenlage zwischen Nord- und Südamerika, zwischen der gemäßigten und der tropischen Klimazone, verfügt Mexiko über eine immens reichhaltige Flora und Fauna – etwa 10 Prozent aller bekannten pflanzlichen und tierischen Arten sind in Mexiko heimisch! Viele davon sind heute gesetzlich geschützt, darunter zahlreiche Kakteen und Orchideen, alle Meeresschildkröten, Papageien, Affen, Jaguare, Tapire oder Krokodile. Mexiko hat in den letzten Jahren strenge Umweltauflagen entwickelt, die unter anderem auch das Überleben von gefährdeten Ökosystemen und Arten langfristig sicherstellen sollen. Wenigstens 5 Prozent seiner Gesamtfläche stehen inzwischen unter Naturschutz und werden vielfach für wissenschaftliche Forschungsarbeiten genutzt sowie für Aktivitäten, die mit sanftem Tourismus verbunden sind, wie Ballonfliegen, Paragliding, Wandern, Radfahren, Reiten, Höhlenforschen, Klettern oder Rafting.

Mexiko grenzt im Süden an Guatemala und Belize, im Norden an die USA. Geographisch gesehen gehört es dem nordamerikanischen Kontinent an, von seiner Flora und Fauna her muß jedoch wenigstens der südwestliche Teil des Landes Zentralamerika zugerechnet werden. Dagegen zählt in kultureller Hinsicht der größte Teil des heutigen Mexiko zu Mesoamerika, jenem seit vorspanischen Zeiten kulturell verwandten und wirtschaftlich

Ihren ursprünglichen, wilden Charakter hat sich die Landschaft im Parque Nacional Sierra de Organos in Zacatecas bewahrt.

Fortsetzung Seite 26

Die prachtvollen Kirchen und Kolonialbauten in Guanajuato zeugen vom einstigen Reichtum der Silberbarone im Hochland.

Daten und Bilder zur Geschichte

Eine indianische Bilderhandschrift aus dem 16. Jahrhundert (oben) zeigt Cortés auf dem Weg zum Aztekenherrscher Moctezuma II. (rechts).

1500 v. Chr. Olmeken besiedeln die Golfküste und entwickeln dort die La-Venta-Kultur.

1000 v. Chr. Erste Siedlungen entstehen im Tal von Oaxaca.

300 v. Chr. Die Zapoteken errichten die Kultstätte Monte Albán in Oaxaca.

200 – 900 n. Chr. Klassische Periode der Maya in Mexiko, Honduras, Belize und Guatemala.

Um 700 Teotihuacán im zentralen Hochland wird verlassen.

100 – 700 Die Totonakenkultur entwickelt sich im Osten Mexikos und erbaut El Tajín.

950 – 1175 Entstehung und Blütezeit von Tollán (Tula), der Hauptstadt der Tolteken.

1250 Mixteken übernehmen die Zapotekenstätten Monte Albán und Mitla.

Um 1325 Azteken aus dem Norden gründen die Stadt Tenochtitlán im Texcoco-See.

1521 Cortés erobert Tenochtitlán und gründet auf den Ruinen der Stadt La Ciudad de México, das heutige Mexiko-Stadt.

Ab 1525 Die Missionierung der Indianer beginnt durch die Franziskaner, ihnen folgen Augustiner, Dominikaner und Jesuiten.

1535 Antonio de Mendoza wird erster Vizekönig der Kolonie Neuspanien – bis zum Ende der Kolonialzeit 1821 wird es insgesamt 62 geben.

1810 Erster Aufruf zum Kampf um die Unabhängigkeit durch den Pater Miguel Hidalgo.

Benito Juárez (1806 – 1872).

Porfirio Díaz (1830 – 1915).

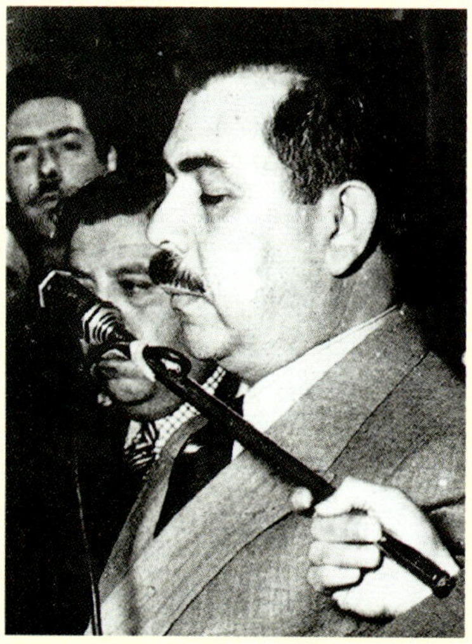

Lázaro Cárdenas (1895 – 1970).

Ernesto Zedillo (geboren 1951).

Szenen aus der mexikanischen Revolution: Francisco «Pancho» Villa in Torreón (oben) und Verhandlungen zwischen Emiliano Zapata und der Regierung (Mitte). Links oben Zapata in einem Holzschnitt von José G. Posada.

1821 Mexiko erklärt seine Unabhängigkeit von Spanien.

1847 Nach zweijährigem Krieg muß Mexiko über die Hälfte seines Gebiets an die USA abtreten.

1858 Benito Juárez, der als Justizminister eine liberale Verfassung vorgelegt und die Kirche enteignet hat, wird Präsident.

1862 Europäische Intervention, die Franzosen ernennen Maximilian von Habsburg zum Kaiser.

1867 Sieg der Liberalen unter Benito Juárez, Kaiser Maximilian wird hingerichtet.

1876–1911 Herrschaft des Diktators Porfirio Díaz, der das Land – auf Kosten der Massen – der Modernisierung und Industrialisierung öffnet.

1910 Beginn der berühmten mexikanischen Revolution unter Führung von Francisco Madero, Emiliano Zapata und Francisco «Pancho» Villa.

1917 Der im Anschluß an die Revolution ausgebrochene Bürgerkrieg geht zu Ende; Verkündung der neuen, bis heute gültigen Verfassung.

1929 Gründung der Partei PNR (Partido Nacional Revolucionario), seit 1946 PRI (Partido Revolucionario Institucional).

1934–1940 Landreform unter Präsident Lázaro Cárdenas; riesige Erdölfunde.

1968 Kurz vor den Olympischen Spielen in Mexiko-Stadt Studentenproteste gegen soziale Mißwirtschaft und Korruption; die blutige Niederschlagung geht als «Massaker von Tlatelolco» in die Geschichte ein.

1985 Schweres Erdbeben in Mexiko-Stadt, das Zehntausende Tote fordert.

1988–1994 Wirtschaftlicher Aufschwung unter Präsident Carlos Salinas de Gortari.

1994 Die erste Stufe des Nordamerikanischen Freihandelsabkommens zwischen den USA, Kanada und Mexiko tritt in Kraft; Indianeraufstand in Chiapas. Luis D. Colosio, Präsidentschaftskandidat der PRI, wird ermordet; Präsident wird der PRI-Kandidat Ernesto Zedillo.

1995 Der wirtschaftliche Erfolg der Salinas-Regierung setzt sich nicht fort, Mexiko nimmt neue Kredite auf, die Inflation steigt.

1997 Bei den Wahlen am 6. Juli verliert die PRI die absolute Mehrheit im Kongreß, erstmals regiert in Mexiko-Stadt die Opposition.

Claudia Meßmer

«Subcomandante» Marcos, Anführer der Zapatistenbewegung. Trauerzug für drei Kriegsopfer, die 1994 vermutlich von der Armee getötet wurden, in einem Indianerdorf in Chiapas.

Ein kleiner Altar für die «Virgen Morena», die Dunkle Madonna, und Heiligenbilder schmücken die schlichte Missionskirche von Satevo in der Barranca del Cobre im Norden Mexikos. Sehr viel prächtiger präsentiert sich der Konvent San Francisco in Sombrerete (unten), einem Städtchen im Bundesstaat Zacatecas.

Weniger wie ein Palast als eine Festung wirkt der Palacio Cortés in Cuernavaca (unten). Die «Parroquia» (Pfarrkirche) von San Miguel de Allende (rechte Seite) verdankt ihren eigenwilligen Stilmix dem indianischen Architekten Ceferino Gutiérrez.

verbundenen Gebiet, das sich vor mehr als 2000 Jahren weit über die mexikanischen und guatemaltekischen Staatsgrenzen hinaus bis ins heutige Honduras erstreckte. Grundsätzlich hat sich daran bis heute nichts geändert: Die Mexikaner bezeichnen ihre südlichen, niemals jedoch ihre nördlichen Nachbarn als «pueblos hermanos», verbrüderte Völker.

Mexikos heikle geopolitische Lage zwischen dem reichen Norden und dem armen Süden soll schon vor 150 Jahren den mexikanischen Diktator Santa Ana zu dem verzweifelten Ausruf: «Armes Mexiko – so weit von Gott und so nahe an den Vereinigten Staaten!» veranlaßt haben. US-amerikanische Städtenamen wie San Francisco, Los Angeles und Las Vegas geben Zeugnis über die riesigen territorialen Verluste, die Mexiko insbesondere unter der Herrschaft von Santa Ana im 19. Jahrhundert hinnehmen mußte. Dennoch bilden die aus 31 Bundesstaaten und einem Bundesdistrikt (der Hauptstadt) bestehenden Vereinigten Staaten von Mexiko mit einer Ausdehnung von fast 2 Millionen Quadratkilometern immer noch das sechstgrößte Land der Erde. Allein der nördliche Bundesstaat Chihuahua weist etwa die gleiche Gesamtfläche auf wie ganz Deutschland.

Im Vergleich zu Deutschland ist Mexiko jedoch ziemlich dünn besiedelt, denn trotz dessen sechsfachen Flächenausmaßes beläuft sich Mexikos Gesamteinwohnerzahl auf «nur» etwa neunzig Millionen gegenüber achtzig Millionen in Deutschland. Völlig unterschiedlich ist dagegen die geographische, ethnische und demographische Verteilung der Bewohner Mexikos. Rund 15 Prozent aller Mexikaner sind Indígenas, also indianischer Abstammung, etwa 70 Prozent sind Mestizen. Europäer, Asiaten und die Nachkommen der im 16. Jahrhundert aus Afrika importierten Sklaven sind in der multikulturellen mexikanischen Gesellschaft insgesamt ebenfalls mit etwa 15 Prozent vertreten. Über 40 Prozent der Bewohner Mexikos sind jünger als 15, und wenigstens 50 Prozent aller Mexikaner leben in den riesigen modernen Ballungszentren, insbesondere in Monterrey (fast drei Millionen), Guadalajara (über vier Millionen) und natürlich in Mexiko-Stadt, das mit mehr als zwanzig Millionen Einwohnern eine der größten Städte seit Menschengedenken ist.

Die Fahrt von Creel in die alte Minenstadt Batopilas zählt neben der Zugfahrt von Los Mochis nach Chihuahua (siehe Seite 84) zu den spektakulärsten Landschaftserlebnissen in der Barranca del Cobre. Was heute mit dem Auto rund sechs Stunden dauert, war um die Jahrhundertwende bedeutend mühsamer: Um ein Piano in die Hacienda San Miguel bei Batopilas zu bringen, waren 24 Träger zwanzig Tage unterwegs!

Die spanische Konquista – ein Kontinent wird erobert

Bereits im Jahr 1519, als die Spanier unter der Führung des Eroberers Hernán Cortés auf Einladung von Moctezuma II. in die Aztekenmetropole Tenochtitlán einzogen, lebten im Valle de México wahrscheinlich fast eine Million Menschen, 200 000 davon allein in Tenochtitlán und dem anschließenden Tlatelolco. Damals war Tenochtitlán noch ein ausgedehntes Seengebiet, das die Azteken im Lauf von weniger als zwei Jahrhunderten aus einem unwirtlichen Sumpfland geschaffen, mit Kanälen und fruchtbaren «schwimmenden Gärten» (siehe Seite 64) versehen und zur luxuriösen Hauptstadt ihres riesigen Imperiums gemacht hatten. «Wir waren baß erstaunt über dieses Zauberreich, das fast so unwirklich schien wie die Paläste in dem Ritterbuch des Amadis. Hoch und stolz ragten die festgemauerten, steinernen Türme, Tempel und Häuser mitten aus dem Wasser», schrieb der spanische Chronist Bernal Díaz del Castillo, der sich zu begeisterten Vergleichen mit der Schönheit Venedig hinreißen ließ.

Die Azteken waren eine junge, aufsteigende Kultur, die gerade erst auf eine zweihundertjährige Geschichte zurückblickte. In der zweiten Hälfte des 15. Jahrhunderts hatten sie ein Imperium geschaffen, das den größten Teil Zentral- und Südmexikos kontrollierte und auf einem strikten Tributsystem aufgebaut war. Neben landwirtschaftlichen Erzeugnissen mußten Jade, Türkis, Papier, Tabak sowie Gummi, Kakao und edle Federn aus den tropischen Tieflandregionen in die Metropole gebracht werden, um zum Unterhalt und zur Prachtentfaltung der

Obwohl die Jesuiten in der Barranca del Cobre fast zwanzig Missionsstationen errichteten (oben die Mission von Satevo), ließen sich die Tarahumaraindianer nicht bekehren. Nach der gescheiterten Missionierung der Tarahumara mußten die Jesuiten in Baja California (rechts die Mission in Mulegé) mit ansehen, wie ihre Schützlinge massenhaft an Krankheiten und Seuchen starben – schon 1800 waren die Ureinwohner dort nahezu ausgerottet.

unproduktiven Elitebevölkerung beizutragen. Daher ist es nicht verwunderlich, daß Hernán Cortés in manchen Untergebenen der Azteken enge Verbündete fand. Bei der entscheidenden Vernichtungsschlacht wurde sein aus nur neunhundert Soldaten bestehendes Heer durch 100 000 mexikanische Alliierte unterstützt!

Über die Herkunft der Azteken ist nur bekannt, daß sie aus dem Norden stammten und – einer Prophezeihung ihrer Gottheit Huitzilopochtli folgend – viele Jahre auf Wanderschaft verbrachten, um jenen Felsen («tetl») zu finden, auf dem ein Feigenkaktus («nochtli») wächst. Auf diesem müsse ein Adler mit einer Klapperschlange im Schnabel sitzen. Genau an dieser Stelle sollten sie mit dem Aufbau ihres Reiches beginnen. Der Legende nach erblickten die Azteken Fels, Kaktus und Adler, die heute die mexikanische Fahne schmücken, auf einer sumpfigen Insel im Texcoco-See, auf die sie sich vor feindlichen Angriffen geflüchtet hatten. Sie zögerten nicht, den Sumpf in die glanzvolle Erfüllung der Vorhersagen Huitzilopochtlis zu verwandeln.

Von einigen Badeorten wie Cabo San Lucas (rechts) abgesehen, ist Baja California ein Rückzugsort für Vögel und viele andere Tiere fernab der Zivilisation.

Neben Fischfang und Tourismus ist die Salzgewinnung bei Guerrero Negro die einzige Einkommensquelle der wenigen Bewohner von Baja California.

Auch der verhängnisvollen Einladung, die Moctezumas Boten den Konquistadoren überbrachten, als diese 1519 in Veracruz landeten, soll eine uralte Prophezeihung vorausgegangen sein, derzufolge der Aztekenherrscher Hernán Cortés für Quetzalcóatl, die als Gefiederte Schlange dargestellte Gottheit, hielt, die aus dem Osten zurückgekehrt war, um ihren Thron zurückzufordern.

Nach zweijährigen blutigen Kämpfen, denen auch Moctezuma II. zum Opfer fiel, mußte der 18jährige Cuauhtémoc, der letzte aller Aztekenherrscher, am 13. August 1521, als Tenochtitlán fast vollständig zerstört war, seinen Widerstand gegen die Spanier beenden. Vergeblich flehte er sie an, ihn auf der Stelle zu töten. Die siegreichen Eroberer verweigerten ihm seinen Wunsch, nur um ihn später zu Tode zu foltern.

Europa erlebte damals gerade die Folgen jener Transition, die wir heute als «auslaufendes Mittelalter» bzw. «beginnende Neuzeit» bezeichnen. Erst vier Jahre vor der Eroberung Mexikos hatte Luther seine als ketzerisch verdammten Thesen an die Kirchentür genagelt, für die er im Eroberungsjahr vom Papst verdammt und vom Kaiser verbannt wurde. Druckerpresse, Uhr und Lesebrille waren damals noch relativ neue Erfindungen. In der

Im Reich der Kakteen: Auf der hitzeflimmernden Halbinsel Baja California wurden über 120 Arten gezählt, von denen fünfzig nur hier wachsen. Ein Wahrzeichen von Baja ist der bizarr geformte Idria-Strauch (unten rechts).

Alten Welt kämpfte die Inquisition gegen Hexen und andere unerwünschte Mitglieder der Gesellschaft, in der Neuen Welt hingegen richtete sie sich mit unerbittlicher Strenge gegen das indianische Heidentum. Die Krone verlangte Gold und Untertanen, die Kirche Seelen, die sie bekehren und taufen konnte. Die Eroberer suchten Abenteuer und schnellen Reichtum und fandes beides auf Kosten der indianischen Bevölkerung. Für die Abenteuer nahmen sie die Frauen, für den Reichtum deren enteignete, zur Zwangsarbeit verurteilte Männer, deren Land in den folgenden drei Jahrhunderten Neuspanien genannt wurde.

Vorspanische Hochkulturen in Mexiko

Die Azteken waren weder die einzige noch die größte aller mexikanischen Hochkulturen. Lange vor dem Eintreffen der Spanier hatten mehrere Hochkulturen ihre Blütezeit bereits abgeschlossen; andere hingegen, darunter die Azteken selbst, die Totonaken, Mixteken und die Tarasken, waren zu jener Zeit gerade im Begriff, eine solche aufzubauen und weiterzuentwickeln.

Die Spanier zerstörten alles, was mit Mexikos vorspanischer Vergangenheit zusammenhing. Gleich nach ihrem entscheidenden Sieg über die Azteken machten sie sich im Namen der Krone und der Kirche an die Aufgabe, eine Neue Welt nach ihren Spielregeln zu schaffen. Dabei ging es nicht zuletzt auch darum, die Existenz eines Altertums zu verneinen, das sich auf einem bisher

unbekannten Kontinent zwar parallel zum Mittelmeerraum, jedoch völlig unabhängig von diesem entwickelt hatte. Jahrtausendealte Tempel und Pyramiden wurden dem Erdboden gleichgemacht. Aus ihren Steinen ließen die Spanier ihre Kirchen, Klöster und herrschaftlichen Häuser errichten. Auch die antiken Schriftstücke und Aufzeichnungen wurden von den frommen Padres aufgespürt und in die Flammen geworfen.

Altindianische Reliefs aus der Golfregion (links oben) und von der Halbinsel Yucatán (links unten) im Anthropologischen Museum in Mexiko-Stadt.

Die Maya errichteten in Yucatán ihre Siedlungen und Kultstätten oft an Cenotes, natürlichen Einbrüchen der Kalkgesteindecke, in denen sich das Grundwasser sammelt. Besonders eindrucksvoll ist der Cenote von Dzitnup (rechts).

Daher bildet Mexiko heute noch eine schier unerschöpfliche Fundgrube für zahlreiche mexikanische und ausländische Archäologen und Anthropologen, die auf Grund der Interpretation von mündlichen Überlieferungen, Mythen und Legenden, Ausgrabungen, Códices (indianischen Bilderschriften) sowie den in den Chroniken des 16. Jahrhunderts enthaltenen Augenzeugenberichten über grundsätzliche Fragen des mexikanischen Altertums debattieren: Waren die Maya direkte Nachkommen der alten Olmeken, oder handelte es sich um ein anderes Volk, das die kulturellen und wissenschaftlichen Errungenschaften der Olmeken übernommen und weiter ausgebaut hatte? Wer waren die Tolteken, die – aus Tula im zentralen Hochland kommend – die Mayatempel von Chichén Itzá mit ihren eigenen Gottheiten schmückten? Fand der Untergang der Maya tatsächlich so plötzlich statt, wie allgemein angenommen wird, oder handelte es sich um einen allmählichen Zerfallsprozeß, der immerhin gut zwei Jahrhunderte andauerte? Beruhte er auf sozialen Konflikten oder auf ökologischer Ausbeutung? Wer waren die Teotihuacanos, die lange vor Ankunft der Azteken die großartige Stadt Teotihuacán und deren zentrale Kultstätte errichteten?

Steil ragt die Pyramide des Wahrsagers (linke Seite) in den Himmel über Uxmal. Der Legende nach soll sie ein Mayaherrscher mit magischen Kräften in einer Nacht errichtet haben. Neben Uxmal mit seinem prächtigen Mosaikdekor im Puuc-Stil (links und Mitte) ist auch Chichén Itzá (rechts) ein Muß für jeden Yucatán-Besucher. In der Mayastätte Kohunlich stellt die Pyramide der Masken (oben) ein eindrucksvolles Beispiel für die Kunst der Bildhauer im 5. Jahrhundert n. Chr. dar.

Zahlreiche Ausgrabungsstätten und hervorragend angelegte Museen, deren Besuch ein wirklich fesselndes Erlebnis ist, zeugen in allen Teilen des Landes vom unermeßlichen materiellen und kulturellen Reichtum des mexikanischen Altertums. Mais, dessen Proteinreichtum die Seßhaftigkeit ermöglichte, war in Mexiko schon vor rund 6000 Jahren eine Kulturpflanze. Die ersten Hinweise auf eine Zivilisation, die sowohl Städte als auch die Schrift kannte, sind über 3000 Jahre alt. Sie stammen von den Olmeken, der geheimnisvollen Mutterkultur Mesoamerikas, die in den tropischen Regenwaldzonen am Golf von Mexiko Städte und

Fortsetzung Seite 39

Tacos, Chili und Tequila

Die mexikanische Küche

Mexikanische Spezialitäten in stimmungsvollem Ambiente bietet die «Casa de Sierra Nevada» in San Miguel de Allende.

«Conquista a la mexicana» mit Tacos, Chili con Carne und Corona-Bier: Mexiko-Restaurants sind bei uns auf dem Vormarsch, bieten aber meist nur einen Abklatsch der äußerst vielseitigen und raffinierten mexikanischen Küche. Ihre Basis ist der Mais, seit Jahrtausenden von den Indígenas kultiviert und verarbeitet zu Tortillas, den dünnen, runden Fladen, die bei keinem Essen Überbacken im Ofen mit einer Chili-Soße übergoßen, kommt noch Sahne hinzu, spricht man von Enchiladas Suizas. Aus Maismasse werden auch Tamales geformt, die man in Maisblätter einwickelt und kocht.

Den Maisduft verbreiten Garküchen auf Straßen, Plätzen und Märkten. Hier kann man auch die berüchtigten Scharfmacher der mexikanischen Küche beäu-

fehlen dürfen – sei es als Beilage, Teller oder Löffel, oder als Hauptgang zu Tacos gerollt, mit vielerlei Füllungen knusprig in Öl gebacken. Bei den Enchiladas werden die Tortillas vor dem gen: Rote, grüne, gelbe, große und kleine Pfefferschoten, in Mexiko «chile» genannt, geben so mancher Soße eine höllische Würze. Eher harmlos dagegen die «frijoles», braune Bohnen.

Liebevoll wird das Gemüse auf den Märkten präsentiert. Aus den Feigenkakteen (oben) wird Salat zubereitet, Chilischoten (unten) verleihen den Gerichten die berühmt-berüchtigte Schärfe.

Aus dem Saft der Maguey-Agave (links) wird in der «Quinta Sauza Hacienda» (oben) Tequila hergestellt und verkauft.
Die Essensstände auf den Märkten (unten) sind in Mexiko beliebte Treffpunkte in der Mittagspause.

Zu Mais, Chili und Bohnen, von altersher die Grundelemente der indianischen Ernährung, und der großen Vielfalt an heimi-

schen Früchten und Gemüsen gesellten sich mit der Konquista europäische Zutaten und Rezepte. Alles zusammen ergab die einzigartige Mixtur der «Cocina mexicana» von heute. Die Spanier bürgerten Reis, Weizen sowie als Fleischlieferanten Schweine und Rinder ein. Beliebte Nationalgerichte wurden in der Kolonialzeit von Nonnen kreiert, die in ihren Klosterküchen phantasievolle Gerichte schufen, etwa Mole poblano, eine dunkle Soße, deren Schärfe durch Zimt und Schokolade gemildert wird, oder Chiles en nogada, Chilischoten in einer Nuß-Granatapfel-Soße.

Trotz der Importe ist Mexiko eine Maiskultur geblieben, doch ist der Mais nicht für einen mexikanischen Rausch verantwortlich. Der Geist von Tequila und Mezcal entsteigt der Agave. Die berühmten, starken Schnäpse werden aus einem Saft destilliert, der durch Kochen und Auspressen des Strunkes («piña») der Maguey-Agave gewonnen wird (siehe auch Seite 74).

Jutta Schütz

Menschlich, monumental und öffentlich sollte sie sein, die Kunst der Muralistas in Mexiko. Das Mural (Wandbild) von José Clemente Orozco im Regierungspalast von Guadalajara zeigt Pater Hidalgo als heroischen Volksbefreier (unten), alle anderen Bilder auf dieser Doppelseite stammen von Diego Rivera und befinden sich im Nationalpalast in Mexiko-Stadt.

Besonders eindringlich stellt der Muralist Diego Rivera die Brutalität der Eroberung Mexikos in dem Gemälde «Ankunft des Cortés in Veracruz» dar: Während Cortés mit seinen Soldaten Mexiko durchstreift, zwingen seine Kolonisatoren und die Missionare die Indianer zur Arbeit auf den Feldern und in den Minen. Wer sich nicht unterwirft, wird getötet.

zeremonielle Zentren errichteten und riesige steinerne Köpfe hinterließen. Über ihre Lebensweise haben die Archäologen viel weniger erfahren können als über ihre wissenschaftlichen und künstlerischen Errungenschaften auf den Gebieten der Schrift, Mathematik, Astronomie, Kunst, Skulptur und Töpferei, insbesondere während ihrer Blütezeit, also 1200 bis 900 Jahre v. Chr.

Die ersten Hinweise auf die Kultur der Zapoteken stammen von 300 v. Chr., als in Monte Albán im heutigen Bundesstaat Oaxaca das kulturelle und religiöse Zentrum der Zapoteken entstand, umgeben von einer etwa 10 000 Einwohner zählenden Stadt, die auf einer mehrere Quadratkilometer großen, menschengeschaffenen Plattform des Weißen Berges steht und deutliche Einflüsse der Olmekenkultur erkennen läßt.

Die Maya, denen wir auch den Kakao verdanken, erlebten ihre Blütezeit zwischen 200 und 900 unserer Zeitrechnung, als ihre Kultur und ihre Handelsbeziehungen sich über den gesamten mesoamerikanischen Raum ausbreiteten. Sie sind bekannt für ihre Errungenschaften auf den Gebieten der Bautechnik (Mörtel, Kraggewölbe, auch «falsches Gewölbe» genannt), Schrift, Mathematik, Astronomie, Kunst (Wandmalerei, Töpferei, Skulptur) sowie für die Entwicklung verschiedener dem tropischen Milieu angepaßten Agrartechniken, darunter die «chinampas» (siehe Seite 64), die Jahrhunderte später auch von den Azteken erfolgreich in Tenochtitlán angewendet wurden.

Wenngleich der Glanz der Mayakultur schon vor der ersten Jahrtausendwende erloschen war, sind die Maya keineswegs verschwunden. Noch heute tragen viele Frauen auf der yukatekischen Halbinsel den «huipil», die traditionelle Bluse, und Maya bildet dort oftmals die Alltagssprache.

Von der ersten bekannten Hochkultur im zentralen Hochland kennen wir nichts weiter als die Spuren und Hinweise, die sie in Teotihuacán hinterließen, jener riesigen Stadt mit 200 000 Ein-

wohnern, in deren Mitte sich zwischen 150 und 600 n. Chr. die Sonnen- und Mondpyramide zum Himmel erhoben. Als die Azteken die verlassene Stadt um 1350, mehr als siebenhundert Jahre später, entdeckten, hielten sie sie für den Geburtsort der Götter und machten sie zu ihrer eigenen Kultstätte.

Nicht weniger mysteriös ist die Herkunft und Verbreitung der Tolteken, deren oberste Gottheit Quetzalcóatl, die Gefiederte Schlange, plötzlich unter dem Namen Kukulkán in Chichén Itzá auftauchte. Auch in den Aufzeichnungen ihrer Geschichte vermischen sich Tatsache und Legende. Wahrscheinlich war die Toltekenhauptstadt Tula im zentralen Hochland ein militärisch geführtes Königreich, dessen Einflüsse im Norden bis an die US-Bundesstaaten Tennessee und Illinois reichten, im Süden bis Costa Rica. Man nimmt an, daß Tula im mittleren 13. Jahrhundert von den Chichimecas aus dem Norden zerstört und von seinen

Noch bedeckt dichter Regenwald weite Teile von Chiapas. Die Selva Lacandona um Palenque (rechts) ist die Heimat der Lacandonen, eines Indianerstamms, der lange Zeit seine ursprüngliche Lebensweise bewahren konnte. Im Museo Rafael Coronel in Zacatecas sind Tausende von indianischen Tanz- und Ritualmasken (unten und rechte Seite) ausgestellt.

Bewohnern in Richtung Yucatán verlassen wurde. Da die Herrschaft der Tolteken als «goldenes Zeitalter» in die mündlichen Überlieferungen späterer Kulturen einging, rühmten sich einige Maya- und Aztekenfürsten ihrer angeblich toltekischen Herkunft.

Die Kolonie Neuspanien, Unabhängigkeit und Revolution

«Wir sind kein Mythos! Wir sind Menschen aus Fleisch und Blut, und wir existieren tatsächlich», erklärte die guatemaltekische Friedensnobelpreisträgerin Rigoberta Menchú im Kolumbus-Gedenkjahr 1992 anläßlich einer Tagung in Wien. Sie hatte richtig erkannt, daß viele Europäer erst fünfhundert Jahre nach Kolum-

Elena Poniatowska

Sie schreibt über und für die Armen, Schwachen und Unterprivilegierten, für jene «Menschen ohne Namen, denn die herrschende Klasse hat Millionen Mexikaner auf die Nichtexistenz reduziert», wie sie es selbst in «Stark ist das Schweigen» ausdrückt. Elena Poniatowska, Journalistin und herausragende Schriftstellerin, wurde 1933 in Paris geboren und kam bereits als Kind nach Mexiko. Ihre Dokumentation «Die Nacht von Tlatelolco», eine Aufarbeitung des Massakers während der Studentenunruhen von 1968, verlieh ihr internationalen Ruf. Seither sind ihre vielgelesenen Reportagen und Bücher über das «andere Mexiko» in zahlreiche Sprachen übersetzt und oftmals ausgezeichnet worden, darunter Werke wie «Vier Reportagen aus Mexiko» und «Lieber Diego». In diesem einfühlsamen Buch beschreibt sie anhand imaginärer Briefe das Schicksal der bekannten Malerin Angelika Beloff, mit der Diego Rivera zehn Jahre lang in Paris zusammenlebte (1911–1921). Trotz ihrer zahlreichen Ehrungen erklärte die renommierte Schriftstellerin bescheiden an ihrem 60. Geburtstag: «Das Buch, das ich schreiben möchte, habe ich noch immer nicht geschrieben.»

bus «die Indianer entdeckt» haben, nämlich die Nachfolger jener Bewohner Lateinamerikas, die im Jahr 1519 die Spanier und ihren Führer Hernán Cortés so freundlich empfingen, ohne zu ahnen, daß er ihnen und allem, was bis dahin die Geschichte des gesamten Kontinents geprägt hatte, den Todesstoß versetzen würde – in wirtschaftlicher, politischer und kultureller Hinsicht.

Aus den Trümmern des Aztekenreichs wurde die Kolonie Neuspanien geschaffen; ab 1835 war sie der Mittelpunkt von ins-

Fischerhütten am Rand des bekannten Badeorts Puerto Escondido am Pazifischen Ozean.

gesamt vier Vizekönigreichen in Lateinamerika. Für seine indianischen Bewohner begann eine dreihundert Jahre andauernde Kolonialherrschaft, die viele der zur Zwangsarbeit auf den Landgütern («Encomiendas») oder in den Bergwerken gezwungenen Indígenas nicht überlebten.

Als Untertanen der Krone und Seelen der Kirche bauten sie auf Befehl der Spanier bereits in den ersten hundert Jahren nach der Eroberung 272 Kirchen und Klöster, für die sie oft die Grundfesten indianischer Kultstätten verwendeten. Ende des 16. Jahrhunderts war der größte Teil der indianischen Bevölkerung offiziell zum Katholizismus bekehrt, doch wie man an den Altären in zahlreichen Kirchen Mexikos erkennen kann, haben die Indianer ihre eigene Kultur in ihre Vorstellung von (und Beziehung zu) Christus, der Jungfrau Maria und den Heiligen eingebunden. Eine zentrale Rolle spielt dabei die Virgen de Guadalupe, die dem Katholizismus im indianischen Mexiko den Boden bereitete.

Im Regenwaldklima um Palenque gedeihen zahlreiche farbenprächtige Exoten. Die Tierwelt steht der Pflanzenwelt an Artenreichtum nicht nach, hinsichtlich der Reptilienvielfalt liegt Mexiko weltweit sogar an erster Stelle.

In Xcaret, einer wunderschönen Lagune (links) an der Karibikküste, wurde ein Freizeitpark eingerichtet, in dem man schnorcheln, tauchen oder – als besondere Attraktion – in einem Fluß schwimmen kann (oben), der 500 Meter unterirdisch verläuft. Während sich hier vor allem Touristen vergnügen, sind die Kaskaden von Misol-Ha (rechts) nahe Palenque ein beliebter Badeplatz der Einheimischen.

Das Wunder geschah am 12. Dezember 1531, als dem auf Juan Diego getauften Indianer Cuauhtlatohuac auf dem Hügel von Tepeyac eine dunkelhäutige Madonna («Virgen Morena») erschien und verlangte, daß an dieser Stelle ein Heiligtum errichtet werde. Zum Beweis für ihre Echtheit ließ sie ihr Bildnis auf dem Mantel des Juan Diego entstehen. Dieses Bild hat seither zahlreiche Wunder bewirkt, und die Virgen de Guadalupe selbst wurde bald zu einem aus Religiosität und Patriotismus gemischten Symbol der neu entstehenden mexikanischen Identität. Noch immer kommen tagtäglich unzählige Besucher und Pilger aus allen sozialen Schichten in die neue, 1976 fertiggestellte Basílica de Guadalupe im Norden von Mexiko-Stadt, um das Bildnis der «Virgencita» zu bewundern, sie um etwas zu bitten, ein Gelübde abzulegen oder sich für eine Wohltat zu bedanken. Unter ihrem Banner leitete Pater Hidalgo 1810 den mexikanischen Befreiungskampf gegen die spanische Kolonialmacht ein. Sein Aufruf zur Rebellion soll mit dem Worten «Es lebe unsere Jungfrau von Guadalupe! Tod der schlechten Regierung!» geendet haben.

Seit der Unabhängigkeitserklärung von 1821 ist Mexiko eine präsidiale Republik. Die Befreiungskämpfe brachten allerdings keine Erleichterung für die indianische Bevölkerung, sondern führten lediglich zu einer Verstärkung der Privilegien der herrschenden Bourgeoisie, die nun die Rolle der früheren Kolonialherren übernahm. Kurzfristig erlebte Mexiko eine monarchistische Periode unter Österreichs Erzherzog Maximilian von Habsburg, Mexikos «tragischem» Kaiser, der 1867, wenige Jahre nach seiner Ankunft, im Auftrag von Benito Juárez hingerichtet wurde. Seine Ehefrau Charlotte verbrachte den Rest ihres Lebens in geistiger Umnachtung. Juárez, ein gebürtiger Zapotekenindianer aus dem Bundesstaat Oaxaca, der viele soziale und wirtschaftliche Reformen durchsetzte, wurde Mexikos berühmtester Präsident. Bald nach seinem Tod ergriff Porfirio Díaz die Macht. Seine überaus harte Diktatur löste Ende 1910 – sieben Jahre vor

der russischen Oktoberrevolution – die mexikanische Revolution aus. Mit Hilfe einer Rebellenarmee unter Pancho Villa im Norden und der Bauernguerilla von Emiliano Zapata im zentralen Hochland wurde Díaz gestürzt, doch die Forderung nach «tierra y libertad», Land und Freiheit, ging zunächst in den nachrevolutionären Wirren unter. Literaten und Künstler haben den wechselnden, unvorstellbar blutigen Verlauf der Revolution dokumentiert, die rund 1,5 Millionen Mexikanern das Leben kostete.

Die «institutionalisierte Revolution»

In mancher Hinsicht, insbesondere in politischer, ist die mexikanische Revolution heute noch gegenwärtig. Aus ihr ging 1917 die Verfassung hervor, in der die erste Landreform Lateinamerikas und die damals progressivsten arbeitsrechtlichen und sozialen Bestimmungen der Welt gesetzlich verankert wurden. In den

Indianische Gesichter und Trachten prägen das Straßenleben von San Cristóbal de las Casas in Chiapas (links). Rund um die Stadt gibt es zahlreiche Indianerdörfer, in denen wie bei der Familie González in Zinacantán (Mitte) noch traditionelle Stoffe für den Eigenbedarf, aber auch für den Verkauf selbst gewebt werden.

dreißiger Jahren wurde sie durch Mexikos führende Partei institutionalisiert, dem PRI (Partido Revolucionario Institucional).

Nach der Revolution begann Mexiko mit dem Aufbau seiner Industrie, die es heute zu einem der industrialisiertesten Länder Lateinamerikas macht. Etwa ein Viertel aller exportorientierten Industrieanlagen des Landes (Auto, Nahrungsmittelverarbeitung, Stahl, Chemie, Papier, Glas, Textilien) sind im und um den Hauptstadtbereich angesiedelt und stellen fast 20 Prozent aller in Mexiko vorhandenen Arbeitsplätze. Vor allem im Norden des Landes spielt die zwischenverarbeitende Industrie eine bedeutende Rolle. Traditionelle Ausfuhrmittel sind seit der spanischen

Kolonialzeit Zucker, Kaffee, Kakao, Silber, Blei, Kupfer und Zink. Den größten Teil seiner Exporteinnahmen – fast ein Drittel – verdankt Mexiko jedoch seinen riesigen Erdöl- und Erdgasreserven.

Nach dem Zweiten Weltkrieg verstärkte sich die Kontrolle der mexikanischen Bundesregierung auf viele Aspekte der Wirtschaft, und in den siebziger Jahren waren Telefon, Erdöl, Eisenbahn, Fluglinien, Banken, mehrere Rohprodukte sowie einige Hotels unter staatlicher Kontrolle. Der Erdölboom der siebziger Jahre bot reichlich Geld für Subventionen, die als Entschädigung für die wenig produktive Arbeit in den Regierungsämtern freizügig ausgegeben wurden. Während jedoch die Staatsschulden in schwindelnde Höhen anstiegen, verzeichneten Handel und Industrie dennoch starke Wachstumsraten.

In San Cristóbal gibt es viele interessante Läden wie etwa den «Taller Leñatero» (unten), eine Mayakunsthandwerkskooperative. Wer sich zwischendurch stärken will, ist bei «Doña Panchita», einer netten Imbißstube (rechts), richtig.

Mexiko verlor seinen Ruf als wirtschaftlich stabiles Land am Morgen des 1. September 1976, als der scheidende Präsident Echeverría den Peso im Vergleich zum US-Dollar um 50 Prozent abwertete. An diesem Tag kostete ein Dollar nicht mehr 12,50 Pesos, sondern über 19. Genau 17 Jahre später, als der Peso sich unter dem von den internationalen Finanzzentren ob seines «Thacherismo» so hoch gelobten Präsidenten Carlos Salinas de Gortari auf 3000 stabilisiert hatte, wurden drei Nullen diskret entfernt und vorübergehend mit dem Namen «Neuer Peso» versehen, der eine Parität von 1:3 gegenüber dem US-Dollar schaffte. Inzwischen ist aus dem neuen Peso wieder ein alter geworden, der jedoch mit den Problemen seines Vorgängers behaftet zu sein scheint, denn die Parität des vor drei Jahren noch neuen Peso ist inzwischen auf etwa 1:8 abgesunken.

In der Silvesternacht 1993/94 büßte Mexiko auch seinen Ruf als politisch stabiles Land ein, als die bäuerliche Befreiungsorganisation EZLN (Zapatistische Nationale Befreiungsarmee) von seinen Stellungen im Hochland von Chiapas aus der Regierung den Krieg ansagte. Es ist ein Krieg zwischen Arm und Reich, zwischen politischen Parteien sowie zwischen der päpstlichen Doktrin und der Befreiungstheologie, und es ist zweifellos ein Krieg, dessen Auslöser lange vor dem Auftreten von Persönlichkeiten wie dem «Subcomandante» Marcos, der Kommandantin Ramona oder dem Bischof Samuel Ruiz gelegt wurden. Der Krieg in Chiapas hat unter der gesamten Bevölkerung Mexikos ein neues politisches Bewußtsein geschaffen, insbesondere aber unter der indianischen, die erstmals nach fünfhundert Jahren im Kampf um ihre Rechte von der Regierung angehört und von Künstlern und Intellektuellen sowie einigen Politikern unterstützt wird, sei es durch Demonstrationen, Publikationen, Ausstellungen oder andere

Die aufwendig dekorierte Eisdiele in Puebla vermittelt einen ersten Eindruck von Mexikos überbordender Vielfalt an Artesanía (Kunsthandwerk).

Arten von Aufklärungsarbeit. Wenngleich die Probleme von Chiapas noch nicht gelöst werden konnten, ist Mexiko als Reiseland jedoch weiterhin wesentlich sicherer als in verschiedenen internationalen Berichten angenommen wird. Mexikos soziale Probleme sind weitgehend eine interne Angelegenheit und werden nicht auf dem Rücken seiner ausländischen Gäste ausgetragen.

Zum ersten Mal in seiner siebzigjährigen Geschichte kämpft der PRI, die «Dinosaurierpartei», um die Erhaltung ihrer Macht. Ernesto Zedillo, der Ende 1994 als Nachfolger des ermordeten Präsidentschaftskandidaten Colosio vom scheidenden Präsidenten Salinas das Amt übernahm, setzte den von seinem Vorgänger begonnenen Demokratisierungsprozeß einer Regierung fort, die ob ihrer vielzitierten «sanften Diktatur» von dem mexikanischen

Schriftsteller und Literaturnobelpreisträger Octavio Paz noch vor wenigen Jahren als «menschenfreundlicher Menschenfresser» bezeichnet wurde. Der gleichzeitig angestrebte Umbruch zur freien Marktwirtschaft hat zwar die Staatskassen wieder aufgefüllt, aber er hat das Gefälle zwischen Arm und Reich nicht entscheidend bekämpfen können. Mexiko muß nicht nur die seit der Wirtschaftskrise von 1995 verlorengegangenen Arbeitsplätze ersetzen, sondern ist aufgrund seines Bevölkerungswachstums und der Landflucht zudem gezwungen, jährlich wenigstens eine Million neue Arbeitsstellen zu schaffen.

Daß Mexikos Arbeitslosenziffer dennoch weit unter jener der europäischen Länder liegt, ist nicht auf eine größere Anzahl von Arbeitsplätzen zurückzuführen, sondern in erster Linie auf die hohe Zahl von Unterbeschäftigten, die sich mit sehr viel Kreativität und Improvisationstalent das tägliche Brot zu verdienen versuchen, und sei es, indem sie sich zur Hauptreisesaison um zwei Uhr morgens vor der amerikanischen Botschaft anstellen, um ihren guten Platz in der Warteschlange dann am Vormittag einem Visumsuchenden zu verkaufen, für den Zeit Geld ist. Es besteht kein Zweifel: «Como México no hay dos!»

Bohnen, Mais und Chili gehören in Mexiko zu den Grundnahrungsmitteln und sind auf jedem Markt zu finden. Einen Streifzug durch die mexikanische Küche kann man an den zahlreichen Essensständen auf dem stimmungsvollen Mercado Hidalgo in Guanajuato (rechts) unternehmen.

Blick vom Torre Latinoamericana auf Mexiko-Stadt. An smogfreien Tagen erkennt man am Horizont die Vulkane Ixtaccíhuatl (links) und Popocatépetl (rechts).

Im Herzen des Aztekenreichs

Mexiko-Stadt und Umgebung

Das mexikanische Zentralplateau mit seinen sanften Hügelketten, breiten Tälern und ausreichenden Regenfällen ist dank seiner fruchtbaren Böden das am dichtesten besiedelte Gebiet von ganz Mexiko. Allein in Mexiko-Stadt leben mehr als zwanzig Millionen Menschen – niemand weiß, wie viele es genau sind. Schon vor Jahren haben die verschiedensten Spezialisten der Megalopolis den unmittelbaren Untergang angesagt: Nicht nur der Grundwasserspiegel würde in Kürze so tief sinken, daß keine Pflanze mehr überleben könnte und die Gebäude unweigerlich im ungestützten Schlamm des ehemaligen Seengebietes versinken würden, auch seine Bewohner müßten jeden Augenblick in ihrem eigenen Smog ersticken. Allen düsteren Prognosen zum Trotz richtet sich die Stadt jedoch immer wieder auf. Wie? Auch das gehört zu Mexikos vielen unerklärlichen Geheimnissen. Noch heute ist der D.F. (gesprochen «De-eFe», kurz für Bundesdistrikt) eine sehr viel grünere Stadt als etwa Wien oder Frankfurt am Main, wenngleich einige Gebäude seines «Centro Histórico», des Altstadtzentrums, tatsächlich in den Boden einsinken – seit Jahren schon. Stützen und Verankerungen helfen, das Schlimmste zu vermeiden. Verstärkte Umweltauflagen halten die Luftverschmutzung weiterhin einigermaßen unter Kontrolle. Zwar geben die meisten Hauptstadtbewohner zu, daß man dort eigentlich nicht mehr leben kann, weil Lärm, Gestank, Aggressionen, Verkehrschaos und -staus immer unerträglicher werden, aber fast jeder «chilango» ist gleichzeitig davon überzeugt, daß er in der großartigsten Stadt der Welt zu Hause ist – und auch damit hat er Recht.

Zeitungsverkäufer in Mexiko-Stadt. Die Megalopolis ist nicht nur das wirtschaftliche und kulturelle Zentrum Mexikos, sondern auch der südlichen Nachbarländer.

Es stimmt, daß 1480 Quadratkilometer Stadtgebiet längst nicht mehr ausreichen, um den täglichen, unkontrollierbaren Strom der ländlichen Zuwanderer in seinen 350 Stadtbezirken unterzubringen. Stadtteile gehen über in Randbezirke und enden oft erst weit draußen an den Bundesstraßen. Maßnahmen, die

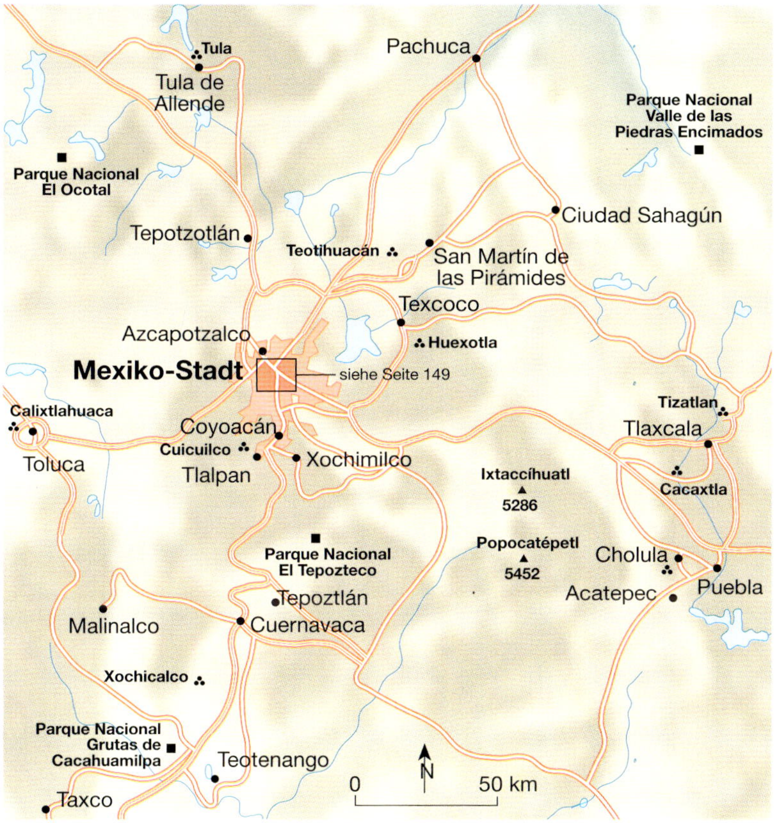

Fresken im Anthropologischen Museum und Wandbilder von Diego Rivera im Nationalpalast erzählen von alten Hochkulturen und der blutigen Konquista.

das Chaos unter Kontrolle bringen sollten, hinken deshalb immer wieder hinter einer unvorhersehbaren Realität her. «Es ist nicht wahr, daß ‹Pemex› seine Installationen mitten ins Wohngebiet gesetzt hat», erklärte ein Funktionär der staatlichen Erdölfirma nach einem schweren Betriebsunfall im November 1996. «Wir waren zuerst da, danach kamen die Leute!»

Mexiko-Stadt – die Megacity mit kolonialem Charme

Sie kommen nicht nur, um sich in *Mexiko-Stadt* anzusiedeln, sondern auch, um sie zu besichtigen, denn trotz all ihrer Probleme ist sie eine der faszinierendsten Städte überhaupt. Sie ist das Konglomerat einer Vielzahl von größeren und kleineren Städten und Dörfern, die manchmal fast vollkommen in sich abgeschlossen wirken und oft schon vor Kolumbus existierten, wie zum Beispiel Coyohuacán («Ort der Kojoten»). Die Bewohner des daraus entstandenen hübschen Kolonialstädtchens und heutigen Stadtbezirks Coyoacán, Künstler und Gelehrte, aber auch reiche Politiker und ärmere Leute, leben in einer anderen Stadt und sprechen einen anderen Dialekt als zum Beispiel die Bewohner von Tepito, einem typischen Arbeiter-«Barrio» (Viertel) der Altstadt. Jedoch haben die traditionellen, ebenso wie die ärmeren Wohngebiete eines gemeinsam: Die unvermeidlichen sozialen Spannungen

Mit indianischen Kostümen und Tänzen zieht diese Aztekengruppe auf dem Zócalo (Hauptplatz) von Mexiko-Stadt die Zuschauer in ihren Bann. Bis zur Zerstörung durch die Spanier befand sich genau hier, wo sich heute die Kathedrale und der Nationalpalast erheben, das religiöse und politische Zentrum der prächtigen Aztekenmetropole Tenochtitlán.

wechseln ständig ab mit beispielhafter nachbarlicher Solidarität. Ein starkes Bindemittel sind die «Fiestas de pueblo» (Dorffeste) oder «Fiestas de barrio» (Stadtteilfeste) innerhalb der Metropole, die schon in der Vornacht mit Serenaden eingeleitet werden.

Staus sind auf den Verbindungswegen in die Altstadt an der Tagesordnung – wer sie vermeiden möchte, fährt mit der Metro, die zu den bestorganisierten, verständlichsten, saubersten, preiswertesten und sicherlich auch meistfrequentierten U-Bahnen der Welt gehört. Für jene, die sich beim Lesen von Haltestellen wie Azcapotzalco oder Netzahualpilli schwertun, ist jede Metro-

station mit einem eigenen, liebevoll gestalteten Zeichen versehen, das ein «Sich-Verfahren» praktisch unmöglich macht. Eine der Haltestellen befindet sich direkt am Zócalo – sehr zur Freude einiger Spielzeugverkäufer, die deren Entlüftungsschacht nutzen, um an dem aufsteigenden warmen Luftstrom Luftballone, Flugzeuge oder einen Fallschirm fliegen zu lassen.

Ein Besuch des Zócalo ist immer ein eindrucksvolles Erlebnis, aber es ist besonders überwältigend, wenn man aus den Tiefen der Metro kommt und sich plötzlich von ihm umringt sieht: die Aztekentänzer, die Kathedrale, der Nationalpalast, die Arkadengänge, die Menschen – man weiß wahrhaftig nicht, worauf man seinen Blick zuerst ruhen lassen soll. Ähnlich ergeht es dem Besucher, der mit einem grünen VW-Käfer-Taxi ankommt und schon einen Blick auf die umliegenden Sehenswürdigkeiten geworfen hat: den stimmungsvollen Alameda-Park, den prachtvollen Palacio de Bellas Artes (Palast der Schönen Künste) oder

Vom Torre Latinoamericana, mit 181 Metern das höchste Gebäude der Stadt, bietet sich ein atemberaubender Blick auf die Metropole.

den Torre Latinoamericana (Lateinamerikanischen Turm), von dessen 42. Stockwerk aus man an klaren Tagen die ganze Stadt überblicken kann – zumindest so weit, wie das Auge reicht, denn die stetig wachsende Megalopolis setzt sich inzwischen hinter den meisten umliegenden Bergen und Hügeln fort.

Der Zócalo von Mexiko-Stadt ist mit 270 Meter Seitenlänge größer als der Rote Platz von Moskau, aber über seine Dimensionen hinaus kann er mit keinem anderen Platz der Welt verglichen werden. Er ist einzigartig für die Besucher, die Tausende Jahre Geschichte direkt und unverfälscht an Ort und Stelle erleben können, und er verleiht allen Mexikanern ein magisches Identitätsgefühl – den armen und den reichen, den katholischen und den andersgläubigen. Man befindet sich an der heiligsten Stätte des alten Tenochtitlán, etwa dort, wo der Legende nach der Adler die Schlange fraß (siehe Seite 29). Moctezumas Palast stand an der Stelle des heutigen Nationalpalasts, wo nach den Aztekenherrschern und vor den gegenwärtigen Funktionären spanische Vizekönige, ein von den Franzosen entsandter mexikanischer Kaiser österreichischer Herkunft, ein indianischer Staatspräsident sowie einige Helden der legendären mexikanischen Revolution regiert haben.

Den ersten Eindruck vom Zócalo verbindet man jedoch mit der Kolonialzeit und ihrem architektonischen Erbe, denn zunächst entdeckt man die Paläste, die Arkadengänge und die Kathedrale, die zwischen 1573 und 1813 entstanden ist – nahe jener Stelle, wo Cortés angeblich über 130 000 Schädel gefunden hat, die von menschlichen Opfern stammten. 1978 stießen Arbeiter zufällig auf einen riesigen Opferstein mit der Abbildung der aztekischen Mondgöttin Coyolxauhqui. Mexikos Archäologen wußten daher, wo sie den Templo Mayor (Großen Tempel) zu suchen hatten, und sie fanden ihn tatsächlich. Um seine Überreste freizulegen, mußte ein

Einen besonderen Blickfang im Zentrum bildet der imposante Palacio de Bellas Artes (rechte Seite). Das Treppenhaus des Palasts der Schönen Künste wurde von den besten Muralistas des Landes bemalt.

Kaleidoskop der Kulturen

Das Museo Nacional de Antropología

Die Fülle der einzigartigen Ausstellungsstücke dieses Museums in Mexiko-Stadt ist überwältigend: Wer nur wenig Zeit hat, sollte sich auf den Saal der Mexica (links ein Opferstein), den Saal von Oaxaca (oben Mosaike aus Mitla und eine zapotekische Göttin) und den Saal der Maya konzentrieren.

Die zweigesichtige zapotekische Maske symbolisiert den Dualismus von Leben und Tod.

Eine rund 165 Tonnen schwere Kolossalstatue des Regengottes Tlaloc aus Teotihuacán begrüßt den Besucher am Aufgang zu einem der weltschönsten Museen: dem Anthropologischen Nationalmuseum in Mexiko-Stadt.

1968 wurde das Museum offiziell eröffnet, geplant unter der Leitung von Pedro Ramírez Vázquez und vorbildhaft für andere Museen Mexikos. Architektonisch gekonnt und einfach zugleich liegen um einen Atriumhof in Hufeisenform die Ausstellungsräume: Im Erdgeschoß werden in elf Sälen die vorspanischen Regionalkulturen von den Anfängen im Hochland, der Mutterkultur der Olmeken bis zur Spätkultur der Azteken und den berühmten Maya des Südens dargestellt; im ersten Stockwerk gestalteten Künstler erstklassige und anschauliche Ausstellungen zur Ethnographie der Völker des heutigen indianischen Mexiko. Den weiten Atriumhof überspannt eine Schirmkonstruktion, von der ständig das Wasser sprüht, dahinter ein schilfbewachsener Teich: Symbol für das Lebenselement des mexikanischen Hochlands, das Wasser.

Am Ende des Atriums liegt der größte Saal des Museums, ganz den Azteken oder Mexica, wie sie sich selbst auch nannten, vorbehalten. Effektvoll beleuchtet zieht in der Mitte der sogenannte Kalenderstein die Blicke auf sich. Zeichenhaft gibt der Stein der fünften Sonne die Weltvorstellung der Azteken wieder: Ihr Jahr teilte sich in 16 Monate mit zwanzig Tagen, sie glaubten, im fünften Weltzeitalter zu leben. Vier frühere waren bereits durch Feuer und Sintflut untergegangen. Bunt bemalt zierte der riesige Rundstein einst einen der Haupttempel in Tenochtitlán, der aztekischen Vorläuferin der heutigen Stadt Mexiko. Viele Steinskulpturen stehen in Verbindung mit dem uns so grausam erscheinenden Menschenopfer, aber in den vorspanischen Kulturen galt es als unerläßlich, den Göttern Menschenblut und -herzen zu opfern, um den Fortbestand des Universums weiterhin zu gewährleisten.

Der Stein der fünften Sonne, auch als Aztekenkalender bekannt, entstand um 1480 in Tenochtitlán.

Roger Franz

Fünf riesige von Mathias Goeritz entworfene Obelisken markieren den Eingang des Neubauviertels Ciudad Satélite im Norden der Megalopolis. Zwischen den Außenbezirken und der Innenstadt bewegt sich tagtäglich eine unendliche Autoflut.

Häuserblock in der Größe von vier Fußballfeldern abgetragen werden. Das neben der Ausgrabungsstätte entstandene, hervorragend gestaltete Museo del Templo Mayor ist jedoch nur eines von mehr als fünfzig in der Altstadt zu besichtigenden Museen, Ausstellungen, Kunstgalerien, Märkten aller Art, Theatersälen, Konzerthallen und Opernbühnen. Mexiko-Stadt bietet seinen Einwohnern und Besuchern ein überaus reichhaltiges und vielfältiges kulturelles Angebot. Auch den Kindern widmet die Wochenzeitschrift «Tiempo Libre» (Freizeit) mehrere Seiten, denn es gibt eine riesige Auswahl von Kindertheatern, Kindermuseen («Nicht-Anfassen verboten»), Vergnügungsparks, Zirkusvorstellungen und vieles andere mehr.

Der durch den Boulevard Paseo de la Reforma mit der Altstadt verbundene Chapultepec-Park, ein 670 Hektar umfassendes Waldgebiet, an dessen Rand sich das gleichnamige Schloß auf einem Hügel erhebt (heute das Historische Museum), liegt zwar in einem traditionellen Vornehmenviertel, gehört jedoch hauptsächlich den Armen. Eineinhalb Millionen Menschen besuchen ihn an jedem Wochenende. Sie spielen Fußball, liegen in der Hängematte, picknicken oder feiern den Kindergeburtstag. Schon am frühen Morgen werden ganze Areale mit Hilfe von zwischen den Bäumen befestigten und mit bunten Luftballons versehenen Schnüren abgesteckt, denn der Andrang ist groß. Chapultepec ist zwar keineswegs der einzige riesige Park in der Hauptstadt, aber er ist immer noch der beliebteste. Neben dem weltberühmten Museo Nacional de Antropología befindet sich hier auch ein Tiergarten (ein Beispiel für artgerechte Haltung), dessen Eintritt umsonst ist. Am Parkausgang nahe der Kreuzung Constituyentes/Reforma stößt man auf einen der ältesten Blumenmärkte der Stadt, und im Park selbst wird manchmal gezeigt, wie man die Blumen in hübsche Gestecke verwandelt. Mexiko-Stadt und seine unmittelbare Umgebung haben dermaßen viele Sehenswürdigkeiten zu bieten, daß man Monate dort verbringen und tagtäglich neue, andersartige Abenteuer erleben könnte. Für zahlreiche Mexiko-Besucher beginnt die Erkundung des hochinteressanten Umlands der Metropole mit einem Ausflug zu der einzigartigen altindianischen Stätte Teotihuacán, rund 50 Kilometer nordöstlich der Hauptstadt.

Das Zentrum von Mexiko-Stadt ist reich an Kunstschätzen – allein mit der Betrachtung der vielen Murales könnte man Tage zubringen: Wandbilder im Palacio Nacional (Mitte) und im Teatro Insurgentes (unten).

Teotihuacán – «der Ort, wo die Menschen zu Göttern werden»

Teotihuacán gibt den Archäologen seit vielen Jahren mehr Fragen als Antworten auf, und sie sind sich keineswegs einig über dessen Entstehung und Besiedlung, zumal die Ausgrabungen immer neue Überraschungen zutage bringen. Als die Azteken die inzwischen verlassene, unvergleichlich prachtvolle Stätte um 1350 entdeckten, glaubten sie, daß sie von den Göttern selbst geschaffen wurde. Die Archäologen dagegen bringen den Aufschwung dieser uralten Stadt zumeist mit dem Ausbruch des Vulkans Xitle im 1. Jahrhundert n. Chr. in Verbindung, der das nahe *Cuicuilco* völlig zerstörte. Aber Nachbarstädte, die ihre kulturellen Unterschiede über- und ihre Parallelen unterzubewerten pflegen, sind dennoch solidarisch in Krisenzeiten. Dies dürfte einer der Gründe sein, warum sich Cuicuilcos Bewohner nach dieser

Aus einheimischen Natursteinen gestaltete Juan O'Gorman die riesige Mosaikverkleidung der Universitätsbibliothek an der Avenida Insurgentes in Mexiko-Stadt.

Tragödie hauptsächlich in Teotihuacán ansiedelten und dessen Einwohnerzahl auf 100 000, vielleicht sogar 250 000 Menschen ansteigen ließ. Die Bewohner von Cuicuilco waren, ebenso wie jene von Teotihuacán, qualifizierte Bauern, Bauarbeiter, Fachleute, Handwerker oder Händler, die begehrte Exportartikel wie Federkronen, Goldschmiedearbeiten, Obsidianmesser und -geräte, exotische Vögel oder Kakao über weite Gebiete transportierten. Von der Blütezeit dieses vielleicht größten Reiches in der amerikanischen Geschichte zwischen 400 und 600 n. Chr. zeugen sogar die Stelen von Tikal in Guatemala. Die darauf dargestellten Teotihuacán-Gesandten sind mit einer Jahreszahl versehen, die 445 n. Chr. besagt. Die Großmacht Teotihuacán unterhielt wahrscheinlich Stützpunkte an der Golf- und der Pazifikküste, im Südwesten der heutigen USA und im südöstlichen Guatemala. Zu

Zum Erstaunen vieler Besucher präsentiert sich Mexiko-Stadt als eine sehr grüne Stadt, in der zahlreiche Plätze und Parks zum Plaudern und Verweilen einladen.

Beginn des 8. Jahrhunderts wurde die Stadt zerstört und weitgehend verlassen. Mit dem Reich ging eine Stadt unter, die die sechshundert Jahre später eintreffenden Azteken dermaßen beeindruckte, daß sie ihr den Namen Teotihuacán gaben: «der Ort, wo die Menschen zu Göttern werden». Noch heute gehören die 63 Meter hohe Sonnenpyramide, der mit zahlreichen Skulpturen geschmückte Tempel des Quetzalcóatl und die Mondpyramide zu den spektakulärsten vorspanischen Bauten Mexikos.

Nach dem Zerfall von Teotihuacán wanderten seine Handwerker und Fachleute in die damals maßgebenden Städte Zentralmexikos aus: nach Cholula (Puebla), Cacaxtla (Tlaxcala), Xochicalco (Morelos) und Tula (Hidalgo). Das geheimnisvolle *Tula* nordwestlich von Mexiko-Stadt war vom 10. bis zum 12. Jahrhundert die Hauptstadt jener sagenhaften Tolteken, von denen die Azteken den Spaniern Wunderdinge berichteten. Von ihren bildhauerischen Künsten zeugen heute noch die berühmten Atlanten, prächtige, fast 5 Meter hohe Kolossalfiguren, die vermutlich das Dach des Morgensterntempels stützten.

Der gewaltigste Bau von Teotihuacán ist die Sonnenpyramide. Über die Errichter der geheimnisvollen Kultstätte ist nur wenig bekannt – als die Azteken Teotihuacán um 1350 entdeckten, war die Stadt schon lange verlassen. Als eine Art Mutterkultur für alle anderen vorspanischen Hochkulturen werden die Olmeken betrachtet, deren herausragendste Zeugnisse, die kolossalen Basaltköpfe, im Anthropologischen Museum in Mexiko-Stadt ausgestellt sind.

Fortsetzung Seite 64

Der Elefant und die Taube

Diego Rivera und Frida Kahlo

Als die 22jährige Frida ihren Vater informierte, daß sie den Maler Diego Rivera heiraten würde, bemerkte dieser trocken: «Das wird eine Hochzeit zwischen einem Elefanten und einer Taube.» Familie und Freunde waren gleichermaßen skeptisch: Eine Ehe zwischen dieser zarten, ebenso energiegeladenen wie zerbrechlichen Frau und dem berühmt-berüchtigten, doppelt so alten und dreimal so schweren Genie der mexikanischen Muralisten – das konnte einfach nicht gutgehen!

Es ging auch nicht gut, ganz besonders nicht für Frida, Tochter eines gebürtigen Ungarn und einer spanisch-mexikanischen Mutter. Sie wurde von einer Amme genährt und stellte diese später in dem Selbstporträt «Meine Amme und ich» mit den Zügen einer indianischen Göttin dar. Mit sechs Jahren erkrankte Frida an Kinderlähmung, mit 18 erlitt sie bei einem Straßenbahnunfall sehr schwere Verletzungen. Die Folgen waren ein Leben voller Schmerzen, Operationen und langen Liegezeiten. Ihren Körper konnte sie nur mit Hilfe von Stützen und Korsetts aufrecht halten. In ihren zahlreichen Selbstporträts symbolisiert sie schonungslos ihr schicksalhaftes Leben; nur das dünn gebliebene Bein suchte sie zu verschleiern. Auch auf dem einzigen Aktbild, das Diego 1930 von ihr malte, ist sie mit übereinandergeschlagenen Beinen dargestellt – das kranke darunter.

Frida Kahlo, Ikone und Kultfigur der modernen mexikanischen Malerei, wurde durch ihre Selbstporträts berühmt. Oben: «Diego und ich» (1949, Privatbesitz, Monterrey), rechts: «Selbstporträt mit Affe und Papagei» (1942, IBM Corporation, New York). Das Foto (Mitte) zeigt das Paar Frida und Diego 1930 in San Francisco.

Im Nationalpalast in Mexiko-Stadt widmete Rivera viele Wandbilder dem Alltag vor der Ankunft der Spanier: Indianer beim Pflanzen und Verarbeiten von Mais, Färben von Wolle oder Bemalen von Stoffen.

Dazu Diego, der unbeirrbare Kommunist, der zu Ehren der Indianer Fresken malte und der durch seine Wandmalereien die Arbeiter aufhetzte, zu Machete und Gewehr zu greifen, um die «teuflische Dreifaltigkeit Mexikos» auszulöschen: die Kirche, die Bourgoisie und die gesetzliche Macht. Diegos berühmtes Wandbild «Traum eines Sonntagnachmittags im Alameda-Park» konnte nach dem Erdbeben von 1985 unversehrt aus dem total zerstörten «Hotel del Prado» geborgen werden und hat nun sein eigenes Museum in diesem Park. Im Zentrum steht der Tod, daneben Diego und Frida, die diesen um Haupteslänge überragt – Symbol dafür, daß Frida in der turbulenten Beziehung trotz allem die Größere, Stärkere war? Vor seiner Reise in die USA ließ Diego sich von ihr scheiden, malte in New York das grandiose Wandbild des Rockefeller Center und heiratete sie nach seiner Rückkehr 1940 zum zweiten Mal. Trotz der unterschiedlichen Charaktere gab es auch vieles, was die beiden einte, etwa ihre Liebe zum Alten Mexiko oder ihre Leidenschaft für den Kommunismus. Sie lebten in Coyoacán, einem Viertel im Süden der Hauptstadt, und Persönlichkeiten wie David Alfaro Siqueiros, José Clemente Orozco oder Leo Trotzkij verkehrten regelmäßig in dem wie verzaubert anmutenden Haus des Ehepaars. Inzwischen wurde das sogenannte Blaue Haus in ein Museum umgestaltet, ohne jedoch seinen Stil und sein Flair zu verlieren, so daß man sich darin wie ein Gast des Künstlerpaars fühlt.

Als Fridas erste eigene Ausstellung im April 1953 in der Galerie für Moderne Kunst eröffnet wurde, mußte sie auf einer Krankenbahre hingebracht werden. Sie starb ein Jahr später. Diego trug den Sarg mit, auf dem ein Tuch mit Hammer und Sichel ausgebreitet war. Der Elefant sollte die Taube nur um drei Jahre überleben. Als Paar haben sie ein einzigartiges Erbe in der Kunstgeschichte hinterlassen.

Sigrid Diechtl

«Zwei Akte im Wald» von Frida Kahlo (1939, Privatbesitz, New York).

Die alte Silberstadt Taxco mit der Kirche Santa Prisca, einem der eindrucksvollsten Beispiele mexikanischer Barockarchitektur.

Im «Land des ewigen Frühlings»

Südlich der Metropole liegt das «Land des ewigen Frühlings», dessen Gartenstadt *Cuernavaca* mit ihrer landschaftlichen Schönheit und ihrem angenehmen Klima schon seit vorspanischen Zeiten die unterschiedlichsten Besucher anlockt. Aztekenkaiser errichteten dort ihre extrem luxuriösen Sommerresidenzen, und Staatsmänner, Politiker und Industriekapitäne haben es ihnen nachgemacht. In Cuernavaca kann man den schon 1530 begonnenen Palast von Cortés ebenso besichtigen wie das Haus, in dem Kaiser Maximilian sich heimlich mit seiner indianischen Freundin traf. In den letzten Jahrzehnten haben sich dort neben Staatsoberhäuptern auch mexikanische und internationale Künstler, pensionierte US-Amerikaner und reiche Hauptstädter

Die «schwimmenden Gärten» von Xochimilco

Die flachen Kanäle mit den kleinen, künstlichen Inseln (den etwa 2 Meter hohen «chinampas») im Süden der mexikanischen Hauptstadt sind ein letztes Überbleibsel des alten Tenochtitlán. Damals schuf man fruchtbares Land, indem man kleine, mit Schlamm und Wasserpflanzen bedeckte Flöße über den See verteilte. Mit der Zeit wuchsen diese Inseln durch Wurzelbildung am Seegrund fest, und die ständige Wasserversorgung und Schlammdüngung ermöglichten bis zu sieben Ernten im Jahr. Heute fahren papierblumengeschmückte Boote, in die Namen wie «Juanita» oder «Lupita» eingearbeitet sind, die Besucher vorbei an Privathäusern und an mit Weiden und Pappeln gesäumten Ufern, hinter denen die Gemüsegärten zu erkennen sind. Auch Blumen wie Nelken, Rosen, Gladiolen und Lilien werden dort angebaut, und wuchernde Bougainvillea-Büsche bilden leuchtende Farbflecke. Alexander von Humboldt gab den Inseln den Namen «schwimmende Gärten». Heute sind sie ein beliebtes Ausflugsziel für Aus- und Inländer. Mexikanische Familien feiern dort gern Geburtstage und andere Anlässe, denn die schwimmenden Gärten sind auch ein schwimmender Markt. Auf den Booten werden Speisen und Getränke, Blumen, handgewebte Decken und Mariachi-Musik ebenso angeboten wie das Foto fürs Familienalbum.

Malerisch thront die Kolonialkirche auf der Pyramide von Cholula, dahinter der Popocatépetl (oben). Die Atlanten von Tula (unten).

angesiedelt, so daß die Stadt an Wochenenden aus allen Nähten platzt. Aber spätestens wenn man durch die Borda-Gärten spaziert, wird man einen Hauch jener friedlichen Atmosphäre spüren, die Malcolm Lowry in seinem berühmten Roman «Unter dem Vulkan» (1947) so anschaulich beschrieben hat.

Die Borda-Gärten sind benannt nach dem Silbermagnaten José de la Borda, der seinen unermeßlichen Reichtum den Silberbergwerken von *Taxco* verdankte. Dafür machte er der Stadt und ihrer Umgebung mehrere kostbare Schenkungen, unter denen die prächtigste wohl die Barockkirche Santa Prisca in Taxco ist. Schmale, verwinkelte Gassen mit Kopfsteinpflaster schlängeln

Goldene Pracht in den Kirchen San Francisco de Acatepec (links) und Santo Domingo (rechts) in Puebla.

sich in Taxco den Hang hinauf und öffnen sich unerwartet zu «Plazas» mit herrlichen Ausblicken. Silber ist neben Tourismus immer noch der Haupterwerbszweig dieser bezaubernden Stadt.

Die Kirchen Santa María de Tonantzintla (links) und San Francisco de Acatepec (rechts) bei Puebla zählen zu den Meisterwerken des mexikanischen Barock.

Pyramiden, Kirchen und Vulkane

Im Südosten der Hauptstadt liegt *Puebla* mit knapp zwei Millionen Einwohnern. Puebla ist berühmt für seine modernen VW-Werke und seine koloniale Vergangenheit. Über siebzig Kirchen und mehr als tausend andere Kolonialbauten stammen aus dieser Zeit. Puebla ist aber auch jener Ort, an dem am 5. Mai 1862 die siegreiche Schlacht gegen die Franzosen stattfand.

Die nahe gelegene Stadt *Cholula* besitzt nicht nur eine riesige Tempelpyramide, die einst eine Fläche von 17 Hektar bedeckte, sondern wohl auch die größte Ansammlung von Kolonialkirchen, eine prächtiger als die andere. 365 sollten es insgesamt werden, mehr als zweihundert sind heute zu besichtigen. Die berühmteste, die Iglesia Nuestra Señora de los Remedios, thront pittoresk auf dem oberen Teil der alten Pyramide.

Die Neovulkanische Kordillere setzt sich vom südlichen Zentralplateau in südöstliche Richtung fort, über den Pico de Orizaba hinaus bis an die Golfküste. Weiter im Norden liegt *Jalapa*, die malerische, am Osthang des Vulkans Cofre de Perote gelegene Landeshauptstadt von Veracruz, eine der kulturell interessantesten Provinzstädte der ganzen Republik.

Im Süden liegt das trockene Hochtal von Tehuacán, in dem sich vor wenigstens 6000 Jahren wahrscheinlich die Wiege des modernen, heute in Mexiko allgegenwärtigen Kulturmais befand. Andere Feldfrüchte wie Kürbis, Avocado und Chili wurden hier sogar noch früher angebaut.

Der von der Hauptstadt, Cuernavaca oder Puebla aus sichtbare *Popocatépetl*, an dessen Hängen viele Dörfer liegen, hat in den letzten fünf Jahren gezeigt, daß er keineswegs erloschen ist. Schon mehrmals wurden Steine und Lava mit der Rauchwolke in die Luft geschleudert. Die Experten bewerten es positiv, daß der Vulkan sich «Luft macht», haben jedoch auf Alarmstufe Gelb gestellt. Die betroffene Bevölkerung macht Witze («Wie bekämpft ein Politiker das Problem des Popo? – Er läßt ihn privatisieren, damit er sicherer und leistungsfähiger wird.») und Evakuierungsübungen. Sie hört aber auch auf jenen Indianer, der versichert, daß der Geist des Vulkans täglich zu ihm spricht: «Ihr braucht euch nicht zu fürchten, es wird euch nichts geschehen.» So, wie er schon vor Jahrhunderten zu den Azteken gesprochen hat.

Ob in den Metropolen oder einem Dorf wie Malinalco (oben und rechte Seite), überall in Mexiko werden regelmäßig Märkte abgehalten, die mit ihrer überbordenden Fülle und Farbenpracht den Besucher bezaubern. Auch die Heiligenstatuen werden in jeder Stadt (links in Puebla) liebevoll mit frischen Blumen geschmückt.

APPLES
Royal Purple
CEUTA

Mexikanischer Totenkult

Der Tod als Gitarrenspieler, flotter Tanzpartner oder galanter Begleiter – ebenso respektlose wie humorvolle Illustrationen José Guadalupe Posadas.

Octavio Paz beschreibt das mexikanische Verhältnis zum Tod metaphorisch: «Für einen Pariser, New Yorker oder Londoner ist der Tod ein Wort, das man vermeidet, weil es die Lippen verbrennt. Der Mexikaner dagegen sucht, streichelt, foppt, feiert ihn, schläft mit ihm; er ist sein Lieblingsspielzeug, seine treueste Geliebte.»

In Mexiko steht der Fatalismus als Taufpate neben jeder Kinderwiege, in keinem anderen Land der Welt wird Gevatter Tod so respektlos behandelt. Er ist ein «chamaco», ein zur Familie gehörender Freund, ein Saufbruder sozusagen, über den man lacht und auch seine Witze reißt. Am Allerheiligen- und Allerseelentag schenkt man seiner Freundin einen Totenschädel aus buntem Zuckerguß, auf den – farblich abgestimmt – der Name des Beschenkten gespritzt ist. Außerdem gibt es an diesen Tagen das Brot der Toten, Backwaren in Form von Skeletten. Berühmt wurden die Totenfeiern in der Nacht vom 1. auf den 2. November auf der Insel Janítzio im Pátzcuaro-See. Eine Prozession aus Booten und schwimmenden Kerzen trifft sich zum Stelldichein mit den Toten, die Gaben und Geschenke erhalten. Hier, wie überall in Mexiko, zieht man nachts auf die Friedhöfe, speist, trinkt, musiziert und tanzt – und alles keineswegs mäßig,

An Allerheiligen und Allerseelen ist der Tod in Mexiko allgegenwärtig, sei es als Spielzeugskelett, Zuckergußtotenschädel oder Schaufensterdekoration.

denn es ist ja zu Ehren der Toten, ihr Tag, ihre Fiesta.

Wie kein zweiter hat der geniale mexikanische Volkskünstler José Guadalupe Posada (1851–1913) den Totentag interpretiert – er hat das Thema von der Straße aufgelesen und in die Kunst gebracht. Seine «Calaveras» (Totenschädel) genannten Bilder sind Karikaturen des Todes in Gestalt von Polizisten, Straßenkehrern, Alten und Kindern – die Darstellung des Todes mitten im Leben. Unter Posadas Händen, in seinen zahlreichen Zeichnungen und Holzschnitten, wird der Gegensatz von Leben und Tod zu einer selbstverständlichen Einheit. Die mexikanischen «Calaveras» haben wenig mit den Totentanzfolgen eines Holbein gemeinsam, in denen der Tod als Gegenspieler der Lebenden, als Mahner und Verlocker auftritt. Die mexikanische Todesvorstellung hat ihre Wurzeln in der indianischen Welt. So ist der Tod eher ein befreiendes, freudvolles, des Schrecklichen entbehrendes Ereignis. Die immer wieder zu Allerheiligen dargestellten Toten sind Figuren voller Leben, tragen den Zylinder des Politikers, den Sombrero des Bauern, das modische Hütchen eleganter Damen. Die Skelette saufen, arbeiten, rauchen, weinen, lachen und morden. Sie bevölkern Straßenbahnen, Avenidas, Hütten und Paläste. Wie im Leben sind die Klassen nicht aufgehoben, der schnurrbärtige Diktator neben dem Vertreter des Klerus, promenierende Beamte, Señoras und Señoritas, und es galoppiert auch schon einmal der Revolutionär Emiliano Zapata auf seinem Pferd heran.

Es gibt viele Möglichkeiten, um sich diesem einzigartigen Verhältnis zum Tod zu Allerheiligen zu nähern: Die für ihre Totenfeiern berühmten Orte wie Pátzcuaro sind leider sehr kommerzialisiert und haben viel von der alten Spontaneität verloren. Ein Besuch auf den indianischen Dorffriedhöfen in Chiapas oder Oaxaca ist da schon berührender. Aber auch im Kunsthandwerksmuseum in der Avenida Juárez in Mexiko-Stadt oder auf den unzähligen Märkten mit ihren riesigen Angeboten von «Calaveras» und grinsenden Skeletten versteht man es etwas besser, das Verhältnis des Mexikaners zum «Gevatter Tod».

Roger Franz

Auf vielen Dorffriedhöfen (rechts) vermischen sich an Allerheiligen katholische Bräuche mit indianischen Ritualen: Die Gräber werden mit Blumen geschmückt, den Toten Speisen und Geschenke gebracht.

Haciendas, Klöster und Paläste

Das zentrale Hochland

Die gleißende Sonne des Hochlands scheint jeden Tag aufs neue die Ziegel der Häuser zu brennen, Rot, Ocker und Hellblau blenden beim Spaziergang auf den steilen Kopfsteinstraßen der Städte – ein Lebensgefühl wie in der spanischen Extremadura oder in Andalusien stellt sich ein.

Strahlend blau leuchtet der Himmel über dem Patio des Museo Rafael Coronel in Zacatecas.

Kurze Zeit nach der Eroberung Mexikos ließen sich hier spanische Kolonisten nieder; Viehbarone und Minenbesitzer gründeten San Miguel de Allende, Querétaro und Guanajuato.

Trockene Beckenlandschaften auf 2000 Meter Meereshöhe wechseln im zentralen Hochland mit Seenplatten, wie jener des Pátzcuaro- und Chapala-Sees, umrahmt von der Sierra Madre Occidental und der Sierra Madre Oriental. Eine ideale Umgebung für immense Viehhaciendas, aber der eigentliche Reichtum der Kolonialzeit lag unter der Erde. Um 1530 fand man Silber, Städte wie Guanajuato wurden an den Minen gegründet, und der «Camino Real», die «Königliche Straße», verband sie mit der Hauptstadt des Vizekönigreichs Neuspanien.

Mit den Eroberern kamen die Missionare, allen voran Franziskaner- und Augustinermönche, um sich der Seelen und Ländereien der Unterworfenen anzunehmen. Sie ließen sie in Ixmiquilpan oder Actopan riesige steinerne Klöster bauen, die heute noch wie Festungen aus der Ebene ragen und wegen ihrer Architektur und Fresken allemal einen Besuch wert sind. Einige ehemalige Haciendas wurden zu stimmungsvollen Hotels umgebaut, etwa bei der alten Bergbaustadt Pachuca. Von den Herrenhäusern läßt sich die wilde Landschaft am besten zu Pferde erkunden.

Die Stadt der Künstler: San Miguel de Allende

In *San Miguel de Allende* ist wichtig, was in den letzten fünfzig Jahren nicht passiert ist. Keine Verkehrsampeln, keine Hotelburgen, keine Fast-food-Lokale – seit 1926 steht die ganze Stadt unter Denkmalschutz und konnte so den Charakter und Flair einer alten Kolonialstadt fast vollständig bewahren.

Das kolonial-spätbarocke Gesamtkunstwerk der spanischen Viehbarone verdankt seine Entstehung zwei Leidenschaften: Kunsthandwerk und Katholizismus. Die Schmiede produzierten Schwerter und Sporen für die Herren, die Leder- und Textilmanu-

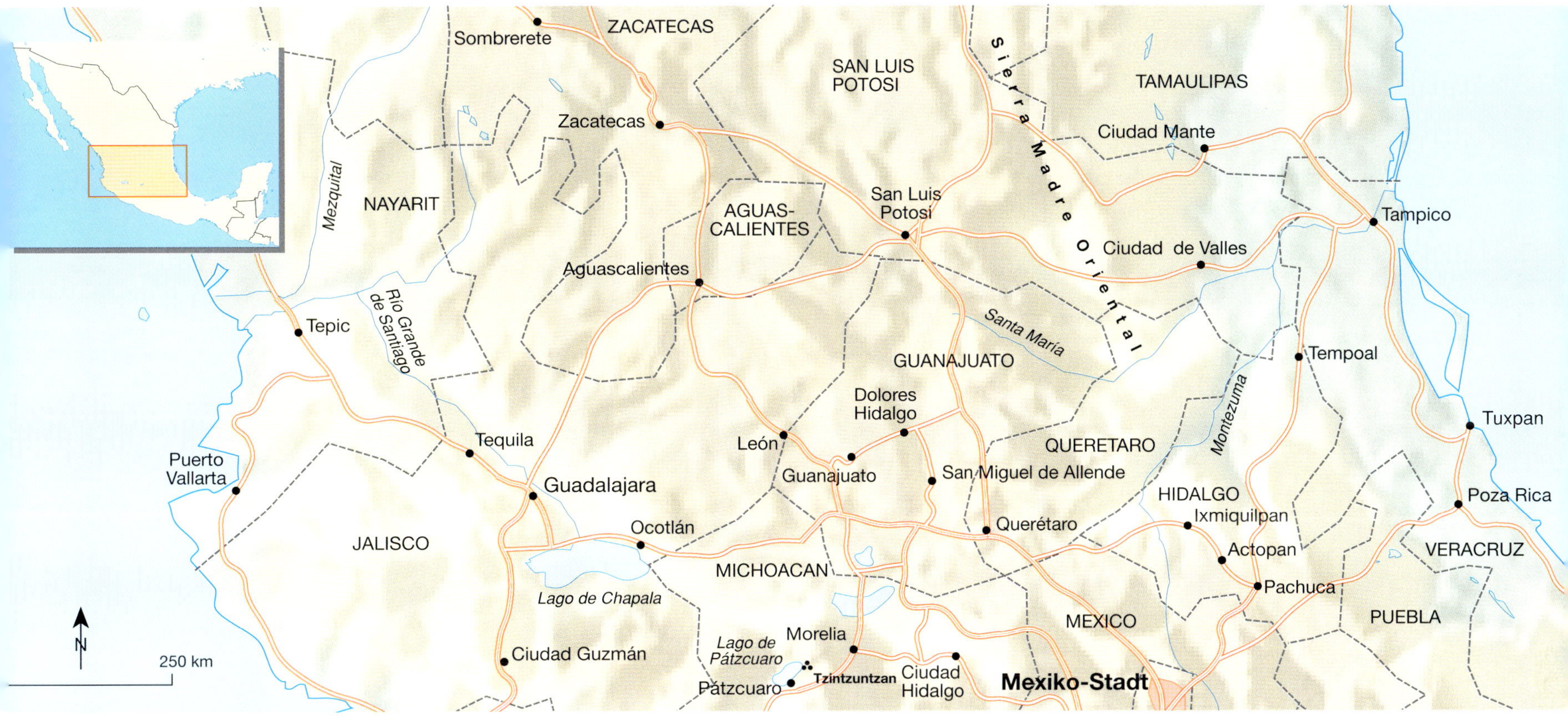

fakturen prächtiges Zaumzeug für ihre Pferde und prunkvolle Roben für ihre Damen. Wenige Schritte vom malerischen Hauptplatz entfernt liegen ein gutes Dutzend jahrhundertealter Kirchen und Klöster, darunter die Parroquia de San Miguel, das Wahrzeichen der Stadt. Dazwischen stößt man auf Häuser, die Palästen gleichen und hinter deren wehrhaften Fassaden mit prunkvollen Wappen sich viele Patios (Innenhöfe) gleich grünen Oasen reihen. Der neuweltliche Adel war Briefadel, zu Geld gekommene Händler, Soldaten oder Unternehmer. Für ihre Leistungen in der Kolonie in den Adelsstand erhoben, haftete ihnen immer der Makel des Emporkömmlings an. Davon sollten die Paläste, nach europäischen Maßstäben schon fast königlich, ablenken.

Heute scheint in San Miguel de Allende zur ständigen Fiesta-Stimmung die ganze Bevölkerung beizutragen – Einheimische, die vielen vorübergehend oder ständig hier lebenden Ausländer und Touristen. Bürgermeister Jaime Fernández erzählt in einem der gemütlichen Innenhof-Restaurants, daß mehr als ein Viertel der Bewohner von der «Kunstindustrie» lebt. Maler, Fotografen, Hersteller der Möbel im Kolonialstil, Töpfer oder Silberschmiede machen die Stadt zu einer Art riesiger Galerie.

Der Wohlstand kommt aber doch vor allem von den Touristen, die meist nur tagsüber bleiben: Ein Besuch des etwas außerhalb in Atotonilco gelegenen Klosters Jesús Nazareno mit prächtiger goldener Innendekoration und der neugotischen Parroquia

Ob beim Busfahren oder beim Eiskaufen – mit Mexikanern kommt man schnell ins Gespräch.

de San Miguel, dem Wahrzeichen der Stadt, danach Mittagessen in einem der guten Restaurants, Freizeit zum Shopping in den unzähligen Boutiquen und Kunsthandwerksläden, und weiter geht's nach Querétaro oder Guanajuato. Am späten Nachmittag stellt sich wieder die verschlafene Kolonialatmosphäre ein – es lohnt sich, in einem der zauberhaften renovierten Hotels einige Nächte zu bleiben und den Abend am zimmereigenen Kamin inmitten von Antiquitäten zu verbringen, denn nur so schlüpft man wirklich unter die Haut des kolonialen Mexiko.

«Tierra y Libertad» – Stationen des Unabhängigkeitskampfes

Rund 200 Kilometer entfernt von der Hauptstadt liegt *Querétaro*, das von den Otomíindianern gegründet wurde und 1531 endgültig in die Hände der spanischen Konquistadoren fiel. Das koloniale Zentrum wurde kürzlich aufwendig renoviert, Fußgängerzonen machen den Bummel zum Genuß. Industrien an der Peripherie hinterließen Wohlstand, der sich auch in gelungenen Restaurierungen niederschlug. Die Kirche Santa Clara wurde wieder zu einem der schönsten barocken Gotteshäuser Mexikos, ebenso das Kloster Santa Rosa de Viterbo.

Auf dem Cerro de la Bufa hoch über Zacatecas reitet noch immer der Revolutionsheld Pancho Villa.

Im Bewußtsein der Mexikaner sind die beliebten Touristenziele San Miguel de Allende, Querétaro und das kleine, auch überaus attraktive Städtchen Dolores Hidalgo vor allem «la tierra de la libertad», das Land der Freiheit. Die liberale Bürgerschaft des frühen 19. Jahrhunderts läutete hier die Glocken zum Ende der spanischen Kolonialzeit in Mexiko.

Zentrale Figuren der ersten Welle des Aufstands gegen das morsche spanische Weltreich waren die Frau des Bürgermeisters von Querétaro, «La Corregidora», und der Dorfpriester Miguel Hidalgo aus Dolores. Der «Grito de Dolores» (Ruf von Dolores) lautete: «Tod den Spaniern!». Rund 80 000 folgten dem Ruf zu den Waffen, und hätte der Pater eine bessere Logistik und mehr Entschlossenheit gehabt, es hätte sie wohl keiner von der Hauptstadt fernhalten können. Eine neue Regierung, die die Unterstützung

Buntgetünchte Häuser und blumengeschmückte Balkone, enge Gassen und kolonialer Flair – Guanajuato gehört zu den schönsten Städten im Hochland. Alljährlich im Oktober wird hier beim Festival Internacional Cervantino die ganze Stadt zur Bühne.

Im Herzland der Tequilaproduktion: Endlos erstrecken sich die Agavenfelder rund um das Städtchen Tequila im Bundesstaat Jalisco.

Tequila – der legendäre Agavensaft

Die Agave war schon lange vor Ankunft der Spanier eine wichtige Kulturpflanze der Indianer: Ihre Blätter lieferten Fasern für Kleider, Sandalen und Papier, ihre Wurzeln Seife, ihre Früchte nahrhafte Gerichte. Auch Pulque, ein vergorenes Agavenbier, wurde früh gebraut und von den Priestern zu Zeremonien getrunken – heute berauschen sich damit die Arbeiter in den unzähligen Pulquerías des Landes. Im Örtchen Tequila nahe

Der ausgehobene Fruchtstrunk der Agave wird so lang bearbeitet, bis er wie eine überdimensionale Ananas aussieht – daher der Name «pina». Ein guter Arbeiter schafft es, am Tag mehrere Tonnen «pinas» zurechtzuhacken, aus deren fermentiertem und destilliertem Saft schließlich der hochprozentige Tequila entsteht.

Guadalajara, soll Don Cenobio Sauza, der «Vater des Tequila», mit dem Fermentieren und Destillieren des Agavensafts experimentiert haben. Heute entstehen hier die inzwischen legendären Marken «Cuervo» und «Sauza». Generell findet man drei Qualitäten: Der normale Tequila kommt in den Qualitäten Silber und Gold (gefärbt mit Karamel) gleich in die Flasche, der «Reposado» lagert mindestens drei Monate, der samtig-weiche «Anejo» ein bis drei Jahre in Eichenfässern, die ihm eine «natürliche» braune Färbung verleihen.

Die sanft geschwungenen Hügel von Michoacán zählen zu den lieblichsten Landschaften Mexikos.

der in Mexiko geborenen Spanier, der Kreolen, genoß, hätte das Land relativ friedlich in die Unabhängigkeit führen können.

Nachdem aber der erste Aufstand fehlschlug, folgten elf Jahre erbitterten Kampfes. Einer der Generäle lief zum Schluß zu den Loyalisten über und verkündete ein unabhängiges Mexiko: Agustín de Iturbide. Im «Plan von Iguala» 1821 sollte zuerst eine unabhängige Monarchie gegründet werden, geführt von einem Mitglied der spanischen Königsfamilie. Aber Iturbide wollte die süße Macht nicht mehr abgeben, er rief sich selbst zum Kaiser von Mexiko aus. Nach einem Jahr war der Spuk vorbei, und Revolutionsführer Guadalupe Victoria rief die Republik aus, deren erster Präsident er wurde. Aber die inneren Gegensätze waren noch unüberbrückbar: Die Konservativen wollten eine starke Kolonialregierung, die Liberalen ein föderales System – es folgte das Chaos des Bürgerkriegs. Zum Schluß rebellierte noch die Nordprovinz Texas, schlug sich auf die Seite der Vereinigten Staaten, und 1847 mußte Mexiko mehr als die Hälfte seines Territoriums an die USA abtreten – der Beginn eines noch immer andauernden Traumas der Mexikaner.

Inmitten des malerisch gelegenen Pátzcuaro-Sees, in dem ein Fischer das traditionelle Schmetterlingsnetz auswirft, erhebt sich die Insel Janítzio mit einer Statue des Freiheitskämpfers José María Morelos.

In Querétaro erinnert die Casa de la Corregidora, das Haus von Josefa Ortíz de Domínguez, noch immer an den Unabhängigkeitskampf, und der «Grito de Dolores» ertönt jeden 15. September vom Balkon des Palacio Municipal pünktlich um 11 Uhr vormittags – sein Echo hallt von vielen Rathäusern im ganzen Land.

Biegt man um die Ecke auf den Hauptplatz, die Plaza Obregón, lohnt eine Besichtigung des Teatro de la República. Hier wurde der unglückliche Österreicher Maximilian von Habsburg mit seinen Generälen im Jahr 1867 angeklagt und verurteilt. Auf dem Cerro de las Campanas, einem Hügel vor der Stadt, endete mit dem Erschießungskommando am 19. Juni 1867 das mexikanische Kaiserreich.

Nach so viel blutiger Geschichte lohnt sich auf dem Weg nach Guanajuato ein Abstecher nach *Dolores Hidalgo*. Im klaren Licht des Hochlands leuchten bunte Dörfer, inmitten der großen Ländereien wird das Klischee vom die Siesta unter dem Sombrero verdösenden Mexikaner sehr real. Ein abendlicher Bummel durch das kolonial-verschlafene Dolores Hidalgo beschließt den erlebnisreichen Ausflug in Mexikos bewegte Vergangenheit.

Bei *Guanajuato* steigen wilde, karge Berglandschaften auf. Ein Blick vom Monument für den lokalen Freiheitshelden Pípila läßt einen die klaren Schachbrettgrundrisse der spanischen Kolonialstädte vergessen – scheinbar planlos breitete sich die Bergwerkstadt in der verzweigten Schlucht aus.

Unten, in den steilen, schmalen Straßen der Stadt, die von der UNESCO zum Weltkulturerbe erklärt wurde, gibt es für einige Tage genug zu sehen: Lorbeerbaumbestandene lauschige Plätze, viel Koloniales in Kirchen, Klöstern – allen voran das Jesuiten- und Franziskanerkloster – und reich verwinkelte Patio-Paläste.

Guanajuato hat aber auch besonders viel lebendige Kultur zu bieten. In der (spanischsprachigen) Welt überall bekannt wurde das Festival Internacional Cervantino mit Theater-, Tanz- und Musikveranstaltungen im Oktober. Ganzjährig sorgt außerdem die große Universität mit ihren vielen Studenten für reges Leben in den gewundenen Gäßchen.

Mexikos Klassiker der Moderne, der Maler Diego Rivera, wurde hier geboren, zahlreiche Werke von ihm sind in seinem Geburtshaus zu sehen. Im alten Getreidespeicher, der Alhóndiga de Granaditas, findet sich eine ausgezeichnete Sammlung zur regionalen Geschichte, als kurioses Gruselkabinett sei das Museo de las Momias empfohlen: Rund hundert mumifizierte Leichname sind hier, meist noch in Originalkleidung, ausgestellt.

Das 18. Jahrhundert brachte Guanajuato, wie vielen Minenstädten Mexikos, eine letzte Blüte. Davon zeugt die wohl schönste Kirche, oberhalb der Stadt gelegen und «La Valenciana» genannt. Sie steht als Musterbeispiel des sogenannten kolonialen Ultrabarock in feinem Rot auf über 2000 Meter vor dem blaßblauen Himmel des Hochlands. Gleich auf der anderen Straßenseite liegt die einst reichste Silbermine der Welt, die noch immer in Betrieb ist und besichtigt werden kann.

Rund 300 Kilometer nördlich von Guanajuato und deshalb etwas abseits der Touristenrouten liegt die Silberstadt *Zacatecas*. Herausragende Sehenswürdigkeiten der Kolonialstadt sind die ultrabarocke Kathedrale und das einzigartige Museo Rafael Coronel im Kloster San Francisco, in dem Tausende von Masken aus vorspanischer Zeit ausgestellt sind.

In den Kolonialstädten San Miguel de Allende (links), Guanajuato (Mitte) und Cholula (rechts) erwacht das Zentrum nach dem Verklingen der Tageshitze zu neuem Leben. An den lauen Abenden kann man hier unter den Arkaden oder auf den Märkten kulinarische Köstlichkeiten probieren, Kunsthandwerk kaufen, flanieren oder einfach nur dem Treiben zusehen.

Von Morelia nach Guadalajara

Blau schimmernde Seen in fruchtbaren Senken, endlose Maisfelder, in größeren Höhen dichte Kiefernwälder: Diese Landschaft ändert sich erst viel weiter westlich, dort wo steile Täler in die Tropen der Pazifikküste abfallen.

Auf dem Weg zum Pátzcuaro-See, Mexikos Bilderbuchlandschaft, lohnt ein Halt in der kolonialen Kleinstadt *Morelia*. Die architektonischen Sehenswürdigkeiten aus rosa Sandstein liegen zwischen den zwei Stadtplätzen: eine beeindruckende Kathedrale, die Kirchen San Diego und La Merced, vor allem aber die vielen kolonialen Wohnhäuser. Gerühmt wird das allabendlich auf den Plätzen zubereitete «Pollo de plaza», ein pikantes Hühnergericht, serviert mit Enchiladas. Im Bundesstaat Michoacán liebt man darüber hinaus Süßigkeiten, und in seiner Hauptstadt Morelia gibt es einen ganzen Markt davon!

Als monumentales Standbild erinnert der Freiheitskämpfer Pípila in Guanajuato an den verlustreichen Unabhängigkeitskrieg.

Diese Region besiedelten nachweislich seit dem 12. Jahrhundert die Tarasken, die sich selbst Purépecha nennen. Ihr Zentrum liegt an einem der größten und schönsten Seen Mexikos, dem

Pátzcuaro-See. Direkt über dem Seeufer erheben sich eindrucksvolle Pyramiden in *Tzintzuntzan*, im Frühling inmitten blühender Wiesen vor dem tiefblauen See ein unvergeßlicher Anblick. Die Purépecha gehörten zu den wenigen Stämmen, die nicht von den Azteken unterworfen worden waren. Weniger gut erging es ihnen unter der spanischen Eroberung, die nach blutigen

Fortsetzung Seite 82

Guadalajara

Hauptstadt der Charros und Machos

In den Charrerías (Rodeos) beweisen stolze Männer reiterliches Können, Kraft und Geschicklichkeit, indem sie etwa in gestrecktem Galopp ein Rind zu Boden werfen.

Guadalajara wird oft als die mexikanischste aller Städte bezeichnet, denn während der Kolonialzeit hat sich hier vieles von dem entwickelt, was heute als typisch mexikanisch gilt: der Tequila, die Mariachi-Musik und die Charros, die stolzen Herrenreiter mit ihren breitkrempigen Hüten und der Pistole im Halfter. Kein Wunder also, daß Guadalajara auch die erklärte Metro-

pole des «macho mexicano» ist, von dessen keineswegs wirklichkeitsfremdem Klischeebild weder der Tequila noch die Charrerías, rodeoähnliche Reiterspiele und -wettbewerbe mit viel männlichem Exhibitionismus, Musik, Tanz und Fiesta-Stimmung, wegzudenken sind.

In ihrer männlichen Eitelkeit sind Machos untereinander Seelenbrüder, die jedoch auf der Stelle zu Todfeinden werden, falls einer der beiden im Streit den Ausdruck «chinga tu madre» (vergeh dich an deiner Mutter) von sich gibt, die größte Beleidigung für einen echten Macho überhaupt, der seine Mutter (die ihm von klein auf erklärt hat, daß er sich «muy macho» zu verhalten habe) wie eine Heilige verehrt. Ganz anders ist jedoch seine Beziehung zu allen anderen Frauen. Die Ehefrau betrachtet er zwar als die Mutter seiner Kinder, die als solche Respekt verdient, aber sie ist gleichzeitig auch eine gefallene Jungfrau, die ihm nachgab – und wenn sie sich ihm hingab, dann wird's danach wohl auch noch andere gegeben haben... Liedertitel wie «Undankbares Weib» und «Verlogene» geben Aufschluß über die Beziehung des Macho zur Frau schlechthin, die grundsätzlich an allem schuld ist: an seinem Streit mit dem vermeintlichen Rivalen, an seinem Tequilarausch, und daran, daß er beim Dominospiel in der Männerbar das gesamte Haushaltsgeld verloren hat. Er tröstet sich bei seiner Nebenfrau in seiner «casa chica», dem kleinen Haus, das allerdings manchmal größer und schöner ist als das «große». Bis vor kurzem gehörte das «kleine Haus» praktisch zum guten Ton eines Mexikaners und wurde von seiner Ehefrau geduldet, denn – wie könnte es anders sein – SIE hat ihn ja zur Nebenfrau getrieben.

Heute lassen sich die Frauen das Macho-Gehabe jedoch immer weniger gefallen. Sie leiten Industriekonzerne, werden Ministerinnen oder Polizistinnen, die sich obendrein nicht bestechen lassen. All dies war in Mexiko vor zwei Jahrzehnten noch undenkbar. Frauen, die sich von ihren Männern willenlos verprügeln und schwängern ließen, greifen nun zur Pille und gehen für ihre Rechte auf die Straße. Immer mehr Männer geben zu, daß sie im Haushalt mithelfen, wenngleich sie es sich nicht verkneifen können, lautstark mitzuschmettern, wenn die Mariachi-Kapelle zu einem «Pero sigo siendo el rey» – «Aber ich bin immer noch der König» anhebt.

Sigrid Diechtl

Auf den in Guadalajara (rechts die Kathedrale) stattfindenden Charrerías pflegt man einen Männlichkeitskult, der von Kindesbeinen an einstudiert wird. Hier begrüßen sich die Männer mit «Hermano!» (Bruder!) und Umarmung, Frauen sind vor allem Dekoration und Kulisse.

Kämpfen gelang. Als Versuch der Wiedergutmachung schickten die Spanier Don Vasco de Quiroga als Bischof nach Michoacán. Dieser außergewöhnliche Mann half den Indianern, indem er beispielsweise Krankenhäuser und Schulen errichten ließ und ihr Kunsthandwerk förderte – Holzschnitzereien, Lack- und Kupferarbeiten, Web- und Töpferwaren. All dies findet sich auf den Märkten und in den Geschäften des zauberhaften Ortes Pátzcuaro und seiner Umgebung noch heute.

Die Indianer leben noch immer in den Tälern um den See, ihr Leben hat sich wenig verändert. Nur am Pátzcuaro-See und der in seiner Mitte gelegenen *Isla Janítzio* hat der Tourismus unschöne Spuren hinterlassen. So paddeln die Fischer zwar immer noch mit ihren Einbäumen frühmorgens lautlos auf den See, die berühmten schmetterlingsförmigen Netze werden jedoch nur noch zu Fotozwecken ausgeworfen. Auch die Delikatesse «pescado blanco», der zarte Weißfisch, ist leider wegen der hohen Wasserverschmutzung nur noch mit Vorsicht zu genießen.

Ein Abstecher zum *Chapala-See* mit malerischen Uferorten, in denen viele pensionierte US-Amerikaner ihren Lebensabend verbringen, führt schnell in die zweitgrößte Stadt Mexikos, die Metropole des Nordens, nach *Guadalajara*.

Nuño de Guzmán, einer der brutalsten Konquistadoren, gründete die Stadt mit dem arabischen Namen, benannt nach seinem Geburtsort in Spanien. Heute leben in der Hauptstadt des Bundesstaats Jalisco über vier Millionen Menschen.

Die Stadt gibt sich spanischer als Spanien. Die berittenen Rinderhirten, Charros, die in kunstvollen Gewändern auf edlen Pferden Reiterspiele vorführen (siehe Seite 80) und auch die «Corrida de Toros», der Stierkampf, haben hier ihre enthusiastischsten Anhänger. Das großzügige Zentrum mit seiner Fußgängerzone um die Plaza Tapatía läßt die starke Luftverschmutzung und das Elend der industriellen Außenbezirke fast vergessen. Die Mexikaner verbinden mit Guadalajara vor allem Mariachi, Tequila und Fußball. Bei den beiden Weltmeisterschaften 1970 und 1986 in Mexiko war die Stadt Austragungsort einiger der mitreißendsten Spiele. Der Volkstanz Jarabe Tapatío und die Straßenmusik der Mariachi stellen für viele den Inbegriff mexikanischer Folklore dar. Ungewiß bleibt, woher der Name Mariachi kommt. Die Musiker, meist sechs bis acht Personen, kleiden sich wie der Landadel des vergangenen Jahrhunderts – Galaanzüge mit Silberknöpfen unter dem breiten Sombrero. Die populärste Hypothese leitet das Wort vom französischen «mariage» ab, weil die Musiker ursprünglich vor allem auf Hochzeiten aufspielten. Zur Band gehören einige Gitarren, Geigen, ein oder mehrere Trompeter und ein Solosänger. Einer der größten, schmalzigsten und

schmetterndsten Sänger, Pedro Infante, gehört inzwischen zu den Ikonen der mexikanischen Volkskultur.

Ein Stadtbummel in Guadalajara sollte mit einem Besuch der mächtigen Kathedrale beginnen. Im Palacio del Gobierno (Rathaus) sind bedeutende Wandbilder und Fresken von José Clemente Orozco zu bewundern, ebenso im ehemaligen Waisenhaus Hospicio Cabañas. Sehenswerte vorspanische Tonskulpturen der Westküste präsentiert das Regionalmuseum gleich hinter der Kathedrale. Ebenfalls einen Besuch lohnen das Teatro Degollado, ein neoklassizistischer Prachtbau aus dem 19. Jahrhundert, und die Kirchen Santa Mónica, El Carmen und San José.

Etwa 8 Kilometer nordwestlich vom Stadtzentrum erhebt sich die Basilika von Zapopan mit dem hoch verehrten, wundertätigen Bild der Jungfrau Maria; im November findet hier ein farbenprächtiger Markt der Huicholindianer statt.

Der Nachmittag und Abend sollte dem Vorort Tlaquepaque gehören: Dort wird Kunsthandwerk in allen Varianten in Galerien und auf Märkten angeboten, und viele Restaurants und Tequilakneipen, in denen Mariachi-Kapellen schmettern, lassen die Hektik der modernen Großstadt Guadalajara schnell vergessen.

1993 wurde die pittoresk in einer engen Schlucht gelegene Kolonialstadt Zacatecas von der UNESCO zum Weltkulturerbe erklärt. Jahrhundertelang war der Ort ein wichtiges Zentrum des Silberbergbaus. Noch heute gibt es hier zahlreiche «Platerías», Silberläden, die edlen Schmuck verkaufen und einen Blick in ihre Werkstätten gestatten.

Im Land der Tarahumara

Mit dem Zug durch die Barranca del Cobre

Ein laufender Tarahumara ist das Signet (links) der Chihuahua-al-Pacífico-Bahn – die Indianer sind für ihre Ausdauer berühmt. Rechts: Tarahumarafamilie bei Cusárare.

Im 17. Jahrhundert entdeckten Jesuiten die gewaltigen, von Pumas, Jaguaren und Bären bevölkerten Schluchten der Sierra Madre Occidental und fanden dort Kupfer («cobre»), Gold, Silber, Opale, Diamanten, Blei und Eisen in reichen Mengen. Der Plan, diese «Schatzkammer Mexikos» durch eine Eisenbahnlinie mit den USA sowie der Pazifikküste zu verbinden, entstand bereits 1872. Die Bauarbeiten gestalteten sich in dem unwegsamen Gelände dermaßen schwierig und mußten so oft unterbrochen werden, daß es fast neunzig Jahre dauerte, bis die ersten Reisenden 1961 die «schönste Bahnstrecke der Welt» erleben konnten. Seither transportiert die Chihuahua-al-Pacífico-Eisenbahn täglich Waren und Passagiere von Los Mochis an der Pazifikküste in die 653 Kilometer entfernte Stadt Chihuahua im gleichnamigen Bundesstaat und umgekehrt; eine oder mehrere Unterbrechungen sind unbedingt empfehlenswert. Laien und Fachleute betrachten jene etwa 150 Kilometer lange Teilstrecke, die durch und über die riesigen, unzugänglichen Schluchten der Barranca del Cobre führt, als «technisches Weltwunder». 86 Tunnel und 39 Brücken, die oft gerade breit genug sind, um ein

Auf der Fahrt von Los Mochis nach Chihuahua passiert der Zug Landschaften, die in ihrer Vielfalt und Schönheit ihresgleichen suchen: Felsformationen bei Creel (links und rechts) und Blick in die Schlucht des Río Urique (unten).

Schienenpaar zu tragen, verursachen so manchem Bahnreisenden leichte Schwindelgefühle, besonders wenn der Zug sich am Rand einer Schlucht entlangschlängelt, die 1760 Meter tiefer am Río Urique endet: Bis zum Horizont erstreckt sich ein wild zerklüftetes Labyrinth von Schluchten, entzweigerissen durch die Erdbewegungen von Millionen von Jahren. Während man vom Zugfenster aus sehen kann, wie der Wind durch die Nadelwälder am Cañónrand pfeift, blühen am Grund derselben Schlucht die Orchideen zwischen Mango- und Orangenbäumen. Bei der 2250 Meter hoch gelegenen Bahnstation Divisadero bietet ein kurzer Stopp Gelegenheit zum Staunen und Fotografieren sowie für Einkäufe bei den Tarahumarafrauen.

Die scheuen Tarahumaraindianer sind in den Höhen und Tiefen der Barranca del Cobre zu Hause. Ihre Sommer verbringen sie in den oberen kühlen Felsenhöhlen, im Winter ziehen sie in die warmen Täler hinunter. Zwar wurden die meisten von ihnen schon zu Kolonialzeiten von den Jesuiten zum Christentum bekehrt, aber sie haben ihre Sprache und ihre alten Traditionen dennoch weitgehend bewahrt. Ihre religiösen Feste schließen viele traditionelle Zeremonien ein, werden mit «tesquino», einem Maisbier, gefeiert und mit uralter Musik begleitet. Zu ihren Ritualen gehören tagelange Langstreckenläufe über Distanzen von bis zu 300 Kilometern sowie alljährliche Peyote-Zeremonien (siehe Seite 96).

Nach dem Verlassen der Barranca del Cobre hält die rund 13stündige Bahnreise noch wenigstens eine Überraschung bereit, wenn der Zug nach endlosen Nadelwäldern und Prärien plötzlich mitten in Cuauthémoc, einem Mennonitendorf mit weißgetünchten Häusern und saftiggrünen Feldern anhält.

Sigrid Diechtl

Bei Divisadero bietet ein Stopp Gelegenheit, einen Snack oder indianisches Kunsthandwerk zu kaufen und den Panoramablick in die Barranca del Cobre, die viermal so groß ist wie der Grand Canyon, zu genießen.

Der wilde Norden

Von Baja California bis Tamaulipas

«Wer einen Wal tötet, der tötet sich selbst», sagten die Pericueindianer, die in vorspanischen Zeiten die Kapregion von Baja California, der mit knapp 1300 Kilometern längsten Halbinsel der Welt, bewohnten. Erst vor rund zwanzig Millionen Jahren löste sie sich vom Festland und bewegt sich auch heute noch in Richtung Westen – 5 Zentimeter pro Jahr. Baja California ist weltweit berühmt als Kinderstube der Grauwale, die besonders in den vergangenen zwei Jahrhunderten von Walfängern so rücksichtslos abgeschlachtet wurden, daß sich ihr Bestand vor sechzig Jahren auf 250 Exemplare reduziert hatte. Dank rigoroser Schutzmaßnahmen seitens der mexikanischen Regierung ist ihre Zahl mittlerweile wieder auf knapp 20 000 angestiegen. Die bis zu 15 Meter langen und 40 Tonnen schweren Meeresriesen tauchen gegen Mitte Dezember in mehreren Buchten der Halbinsel auf. Die Wale haben die 9000 Kilometer lange Strecke von den eisigen Gewässern des Beringmeers bis an den tropischen Wendekreis zurückgelegt, um sich in den seichten Gewässern zu paaren und (nach 13 Monaten Tragzeit) dort zu kalben. Im Frühjahr, wenn die Jungen genügend Fett angesetzt haben, werden sie mit ihren Eltern zurück ins Eismeer schwimmen. Bis dahin nützen Walbeobachter aus aller Welt alljährlich die Gelegenheit, dieses Naturschauspiel von kontrollierten Booten aus zu beobachten und zu fotografieren.

Die Sierra Madre Occidental gehört zu den rauhsten und am wenigsten erschlossenen Gegenden Mexikos. Dieser Pick-up auf dem Weg von Creel nach Cusárare nutzt ein Flußbett als Straße.

Baja California – «Gottes Garten»

Grauwale sind jedoch keineswegs die einzige Attraktion, die Baja California, das vom mexikanischen Festland durch das Mar de Cortés (Golf von Kalifornien) getrennt ist, zu bieten hat. Nicht weniger anziehend wirken seine langen weißen Strände, die die

Badeurlauber zum Schwimmen, Windsurfen, Tauchen oder auch Hochseefischen einladen. Bis in die dreißiger Jahre war Baja, wie die Halbinsel oft kurz genannt wird, ein Paradies für Perlenfischer; dann wurden die Austern von einer mysteriösen Krankheit befallen und starben binnen weniger Jahre aus.

Bei einem Blick auf die Landkarte vermittelt Baja den Eindruck von 3000 Kilometer Küste, die ein Land suchen, denn die Halbinsel ist in ihrer gesamten Ausdehnung nur 50 bis 150 Kilometer breit und besteht hauptsächlich aus Felsen, Kakteen und Sandwüsten. Seit 1973 durchzieht die Carretera Transpeninsular, eine fast 2000 Kilometer lange Straße, die Halbinsel und verbindet die Grenzstadt Tijuana im nordwestlichsten Teil mit dem Badeort Cabo San Lucas an deren südöstlichstem Ende.

Von Bajas vorspanischer Geschichte wissen wir nur wenig. Um 1700 lebten etwa 60 000 Indianer auf der Halbinsel: die Cochimí im Norden, die Guiracura zwischen La Paz und Laredo und die Pericue in der Kapregion. Sie waren nomadische Jäger und Sammler, die die spanische Kolonialzeit nicht überlebten. Viele starben an eingeschleppten Krankheiten, zahlreiche andere in den Bergwerken. Auch die Errichtung von Missionen an den für sie lebenswichtigen Wasserstellen trug zur Dezimierung ihrer Bevölkerung bei. Missionen haben nicht nur auf der Halbinsel

Pelikane bei La Paz und ein Stilleben am Strand der Lagune San Ignacio – die Halbinsel Baja California ist ein Naturparadies von herber Schönheit.

Baja California, sondern im gesamten Norden die späteren Grenzen und Siedlungen festgelegt und zahlreiche wunderschöne Kathedralen und Klöster hinterlassen.

Baja California ist mit etwa drei Millionen Einwohnern relativ dünn besiedelt. Drei Viertel davon leben in den beiden Grenzstädten *Tijuana*, Mexikos bedeutendster Grenzübergang (rund 1,5 Millionen Einwohner), und *Mexicali* (800 000 Einwohner). Zusammen empfangen sie mehr als fünfzig Millionen Besucher jährlich, darunter viele Tagestouristen aus den USA, die in Mexiko billig einkaufen und sich in Tijuanas regem Nachtleben vergnügen. Beide Städte haben sich in den letzten Jahren zu aufsteigenden Manufakturzentren für die zwischenverarbeitende Industrie («maquiladoras») entwickelt. In Mexicali befindet sich außerdem die nordwestliche Endstation der Eisenbahnlinie, die über Mazatlán nach Guadalajara führt.

An die frühe Besiedlung von Baja California durch die Jesuiten erinnern die 1697 erbaute Missionskirche am Hauptplatz von Loreto (links) und die Kirche in San Ignacio (Mitte), einem Oasenstädtchen inmitten von Dattelpalmenhainen.

Im Hafen von Santa Rosalía am Golf von Kalifornien starten Boots- und Angeltouren zu den fischreichsten Gewässern der Erde.

Durch die Grenzlage zu den USA ist der nördliche Teil Bajas ein Anziehungspunkt für mexikanische und zentralamerikanische Saisonarbeiter, die seit vielen Jahren zur Obst- und Gemüseernte illegal über die Grenze nach Kalifornien zu gelangen versuchen. Eine extreme Verschärfung der Einwanderungspolitik in den USA sucht diese Tendenz immer stärker zu entmutigen.

Der nordöstliche Teil der Halbinsel ist ein bedeutendes landwirtschaftliches Produktionsgebiet, das außerdem die besten Weine Mexikos liefert. In allen größeren Städten des Nordens bieten Weinkellereien ihren Besuchern Touren mit Wein-Kostproben an. Zwei der bekanntesten Biersorten Mexikos – «Tecate» und «Carta Blanca» – werden im Städtchen *Tecate*, 30 Kilometer östlich von Tijuana, gebraut.

Rund 100 Kilometer südlich von Tijuana liegt Ensenada, mit rund 170 000 Einwohnern die drittgrößte Stadt Bajas. Zur Kolonialzeit war sie ein Zufluchtshafen für die immer wieder von Piratenschiffen verfolgten Galeonen, die zwischen Manila und Acapulco segelten. Heute ist Ensenada nicht nur einer der bedeutendsten Fischerei- und Handelshäfen Mexikos, sondern auch ein wichtiges Zentrum der Weinindustrie. Südöstlich davon liegt der Nationalpark Sierra San Pedro Mártir, in dessen über 3000 Meter hohen, von Nadelwäldern durchzogenen Granitgebirgen sich die scheuen Dickhornschafe tummeln.

Im mittleren Teil der Halbinsel wurden in der *Sierra de San Francisco* und der *Sierra de Guadalupe* mehr als vierhundert geheimnisvolle, wenig erforschte Höhlenmalereien mit detailgetreuen tierischen und menschlichen Darstellungen gefunden, deren Motive und Farben jenen aus dem Magdalénien (etwa 15 000 – 9000 v. Chr.) ähnlich sind.

Berge, Himmel, Wüste – die Bahía de los Angeles mit dem winzigen gleichnamigen Ort zählt zu den schönsten Buchten der menschenleeren Halbinsel Baja California.

Fortsetzung Seite 94

«Hier also hält sich Gott versteckt», notierte D. H. Lawrence auf seiner ersten Reise nach Baja California 1925. Bis heute blieb der urtümliche Zauber der Halbinsel wie hier bei Cabo San Lucas bewahrt. Von Dezember bis April hat Baja noch eine besondere Attraktion zu bieten – dann tummeln sich in der Bucht von San Ignacio unzählige Grauwale.

Die Magie der Wüste

Unterwegs in Baja California

Weite Sandwüsten, vulkanische Bergformationen mit zerklüfteten Felsen und rauhen Schluchten, tiefblauer Himmel und Temperaturen bis zu 50 Grad und mehr im Schatten (den es selten gibt), paradiesisch schön und staubtrocken – eine leere, lautlose, menschenfeindliche Wildnis, in der man außer Kakteen, Schlangen und Skorpionen kein Leben vermuten würde. Tatsächlich ist Baja California jedoch eines der artenreichsten Gebiete der Erde. Mehr als 2500 Pflanzen- und zahlreiche Tierarten sind dort heimisch, viele davon nirgendwo sonst. Pflanzen und Tiere haben in dieser extremen Umgebung im Lauf von Jahrmillionen ganz besondere Überlebensstrategien entwikkeln müssen. Mit dem Wasser, das ein einziger 20 Meter hoher Cardón-Kaktus speichert, könnte man ohne weiteres einen kleineren Swimmingpool füllen. Kaum fallen die ersten Regentropfen, schießen aus dem merkwürdig geformten Idria-Strauch, dessen breiter Rumpf sich oben karottenartig zuspitzt, unzählige winzige Blättchen, die ebenso blitzartig abgeworfen werden, sobald es wieder trocken ist. Zahlreiche Wüstenpflanzen bilden einen wichtigen Bestandteil der menschlichen Ernährung, andere spielen eine bedeutende Rolle in der Pharmakologie, und einige werden vielfach genutzt, wie zum Beispiel die Agave oder die Jojoba-Pflanze, in der man ein Öl entdeckte, das früher nur vom Pottwal gewonnen werden konnte – sehr zum Vorteil des Wals, der seither wesentlich seltener gejagt wird. Die gerösteten Jojoba-Samen veredeln zahlreiche Süßspeisen. Der von seinen Stacheln befreite Nopal-Kaktus wird als Gemüse verwendet,

«Kathedralen der Wildnis» nannte man die mächtigen Cardón-Kakteen, auf denen sich oben ein Truthahngeier niedergelassen hat.

An den einsamen Küsten von Baja California können Fischadler noch ungestört brüten.

und seine saftigen Früchte sind ein ebenso guter Durstlöscher wie die Früchte des Pitahaya-Strauchs. Köstliche Speisen werden auch aus den Blüten der Yucca-Palme zubereitet.

In Baja muß man sich vor 17 verschiedenen Klapperschlangenarten in acht nehmen sowie

Ebenso wie Kakteen haben die fleischigen Agaven die Fähigkeit, Wasser zu speichern. Aber auch Reptilien wie dieser Leguan sind den extremen Bedingungen in der Wüstenlandschaft der Sierra de San Francisco optimal angepaßt.

vor dem vollkommen durchsichtigen Skorpion, dessen Stachel Menschen ebenso gefährlich werden kann wie ein Biß der gefürchteten Gila-Krustenechse. Weniger bedrohlich, aber dafür um so unheimlicher ist eine Begegnung mit der sogenannten Hornkröte, die in Wirklichkeit ebenfalls eine Echse ist. Sobald sie sich angegriffen fühlt, spritzt sie aus ihren Augen zwei Strahlen Blut auf den Feind. Vogelspinnen, Schaufelkröten, Langnasenfledermäuse, blitzschnelle Eselhasen, Beutelratten und zahlreiche andere kleine Nagetiere sind in Baja California ebenso zu Hause wie der Jaguar, der Ozelot, der schwarze Panther, der rotbraune Puma und das Wildschwein.

Fast fünfhundert verschiedene Vogelarten, darunter Geier, Prachtfregattvögel und Rennkuckucke, wurden auf der Halbinsel gezählt – sie finden selbst dort, wo auf den ersten Blick nichts zu wachsen scheint, Tonnen von Samen und Insekten.

Sigrid Diechtl

Hernán Cortés landete 1535 in der Nähe von *La Paz* und nannte seine neue Eroberung California (vermutlich «heißer Ofen»). La Paz ist ein beschauliches Städtchen mit einem Flughafen, zwei Marinas sowie mehreren hübschen Kolonialbauten, einem anthropologischen Museum, einem Theater und wunderschönen, blitzsauberen, palmengesäumten Stränden. Ein relativ hoher Prozentsatz seiner Bewohner sind US-Amerikaner, die sich nach ihrer Pensionierung dort ansiedelten, um «wie ein reicher Mexikaner zu leben statt wie ein armer Amerikaner».

Südlich davon, zwischen dem freundlichen Städtchen San José del Cabo und dem modernen Badeort Cabo San Lucas, wurde ein natürlicher, vorgeschichtlicher Haifischfriedhof entdeckt, der wertvolle Hinweise auf gegenwärtige sowie längst ausgestorbene, teilweise bislang unbekannte Arten aus dem Pliozän (vor etwa 1,5 Millionen Jahren) liefert. Erhalten haben sich ausschließlich Gebisse und einzelne Zähne, denn die mehr als dreihundert Millionen Jahre alten Haie weisen dort Knorpel auf, wo andere Fische später Knochen und Gräten entwickelt haben.

Die gesamte Kapregion von Baja California ist ein wahres Paradies für Surfer, Taucher und Sportfischer. Bei Cabo San Lucas erhebt sich im Meer der berühmte «El Arco», ein natürlicher Felsbogen, der an jener Stelle entstand, an der der Golf von Kalifornien mit dem Pazifischen Ozean zusammentrifft.

Die sehr zurückgezogen lebenden Tarahumara nennen sich selbst Rarámuri («Fußläufer») und verweisen damit auf die regelmäßig stattfindenden Langstreckenläufe, bei denen (in Sandalen!) Distanzen bis zu 300 Kilometer zurückgelegt werden. In Kontakt mit der «Zivilisation» treten die Frauen nur, wenn sie ihre Webarbeiten oder kunstvoll aus Schilf geflochtenen Körbe verkaufen wollen.

Wüsten, Weizenfelder und Revolutionen: Sonora, Sinaloa, Chihuahua

Der nordwestliche Teil des gegenüberliegenden Festlands wird von dem riesigen Bundesstaat Sonora eingenommen, der mehr als viermal so groß ist wie die Schweiz. In Sonora, Mexikos traditioneller Kornkammer, wurde 1946 die «Grüne Revolution» eingeleitet, die durch chemische Dünger und Spritzmittel zunächst zu einer Ertragssteigerung, langfristig aber zu einer Verarmung der Böden führte. Dennoch gehört Sonora weiterhin zu Mexikos Hauptlieferanten für Rindfleisch, Weizen, Baumwolle, Gerste und

Noch sind es vor allem US-Amerikaner, die in der grenznahen Stadt Ensenada ihren Kurzurlaub verbringen (Mitte). Wenige Touristen besuchen dagegen Chihuahua, das neben dem Pancho-Villa-Museum auch eine imposante Kathedrale mit wunderschöner Barockfassade zu bieten hat (links).

Walnüsse («nogales»), von denen die Grenzstadt Nogales ihren Namen bezog. Die Hauptstadt *Hermosillo*, die inmitten einer riesigen Wüste liegt, hat sich zu einer aufsteigenden Industriestadt mit reichhaltigem kulturellem Angebot entwickelt und besitzt neben einer hübschen Kathedrale und mehreren Museen auch ein interessantes Ökozentrum, in dessen Zoo und anschließendem botanischen Garten die Besucher einen guten Eindruck von den Pflanzen und Tieren der Sonora-Wüste gewinnen. Eine besondere Attraktion bildet das *El Pinacate* genannte Vulkangebiet, in dem sich sechshundert Krater und zahlreiche Lavahügel befinden – eine ideale Gegend für die Astronauten Armstrong und Aldrin, die dort vor ihrer Mondlandung von 1969 ihre Übungen abhielten.

In dem südlich anschließenden Staat Sinaloa (Hauptstadt Culiacán) liegt der fröhlich-romantische Badeort *Mazatlán* (Náhuatl: «Ort der Rehe»), ein Paradies für Surfer und Hochseefischer. Von seinem Hafen besteht eine Fährverbindung durch den Golf von Kalifornien nach La Paz. In Mazatlán lohnen die stimmungsvolle Altstadt und der alte, 154 Meter hohe Leuchtturm mit herrlicher Aussicht auf Stadt und Meer einen Besuch.

Der Peyote-Kult

Für die Huicholindianer, die jenen Teil der Sierra Madre Occidental bewohnen, in dem die Staaten Jalisco, Zacatecas und Nayarit zusammentreffen, ist der stachellose, schwer zu findende Peyote-Kaktus ebenso heilig wie für die Tarahumara, die in den Schluchten der Barranca del Cobre ihr Zuhause haben. Obwohl beide Gruppen zum Christentum bekehrt wurden, pflegen sie zahlreiche alte Rituale. Dem jährlichen rituellen Konsum des kleinen, rundlichen, «göttlichen» Kaktus gehen langwierige, komplexe Vorbereitungen voraus. Nur wenige ausersehene Dorfbewohner nehmen unter Führung eines Schamanen an der langen Wallfahrt zur Zeremonienstätte teil. Am Tag vor dem Peyote-Ritual wird gefastet und öffentlich gebeichtet, denn die Zeremonie dient in erster Linie dem Verbrennen der Sünden, die im gesamten Dorf begangen wurden. Meskalin, der halluzinogene Wirkstoff des Kaktus, ist keine harmlose Droge. Sie erfordert Mut und Ausgeglichenheit, denn Meskalin macht alle Gesetze von Zeit, Raum und Logik ungültig und kann den Benutzer in die Tiefen des Irreseins stürzen, aus denen er sich vielleicht nie wieder befreien kann.

Tacos, Tequila und Chilischoten – auch die exzellente Küche ist ein Grund, nach Mexiko zu reisen!

Östlich von Sonora erstreckt sich Mexikos größter Bundesstaat Chihuahua («xicagua» bedeutet auf Náhuatl «trockener, sandiger Ort»). Bis zur Mitte des 15. Jahrhunderts lebten dort unabhängig voneinander zahlreiche indianische Gruppen, einschließlich der Tarahumara und der Apachen. Ihre Isoliertheit fand ein jähes Ende, als die Spanier in den Bergen der Sierra Madre Occidental Gold und Silber entdeckten und Missionen und Städte zu errichten begannen. Die aus dem 18. Jahrhundert stammende Kathedrale der Landeshauptstadt *Chihuahua* hat eine der schönsten Barockfassaden von ganz Mexiko. In dieser Stadt wurde Miguel Hidalgo, der die mexikanische Unabhängigkeit eingeleitet hatte, verraten und hingerichtet; die Zelle, in der er seine letzten Tage fristete, kann heute unterhalb des Postamts besichtigt werden. Das ehemalige Wohnhaus des aus Chihuahua stammenden Revolutionshelden Pancho Villa wurde von dessen erst 1981 verstorbener Witwe in ein Museum umgestaltet.

Nordwestlich der Landeshauptstadt, nahe dem Städtchen Madera, befindet sich der vorspanische Häuserkomplex von *Casas Grandes*, dessen Strukturen an jene der Puebloindianer im Südwesten der USA erinnern. Die bis zu drei Stockwerke hohen Häuser wurden zwischen 900 und 1300 n. Chr. von den Paquiméindianern gebaut, die in der Umgebung auch Bewässerungsanlagen errichteten. Um 1350 wurde die Stadt unter rätselhaften Umständen zerstört.

Nordöstlich von Madera liegt *Ciudad Juárez*, Chihuahuas wichtigster Grenzübergang, der auf amerikanischer Seite praktisch nahtlos in die US-Grenzstadt El Paso übergeht.

Coahuila, Durango und Tamaulipas – Mexikos unbekannter Nordosten

An Chihuahua schließt im Südosten der Bundesstaat Coahuila an, dessen 1577 gegründete Hauptstadt *Saltillo* die älteste Stadt des gesamten nordöstlichen Bereichs von Mexiko ist. Sehr interessant ist sein Vogelmuseum, in dem 670 verschiedene Vogelarten ausgestellt und erläutert sind. Heute wird Saltillo an wirtschaftlicher Bedeutung von Torreón, einem vor rund hundert Jahren gegründeten Eisenbahnstädtchen, längst überholt.

Südwestlich von Coahuila liegt der von Nadelwäldern durchzogene Staat *Durango*, einer der wichtigsten Holz- und Papierlieferanten Mexikos, dessen gleichnamige Hauptstadt ihr «Wildwest-Ambiente» beibehalten hat und in deren Umgebung zahlreiche Westernfilme gedreht wurden. Im Osten schließt der Bundesstaat Nuevo León an, dessen Hauptstadt *Monterrey* zu den reichsten Städten des Landes gehört. Ihr industrieller Aufbau begann bereits im vorigen Jahrhundert. Heute ist Monterrey, das «Pittsburgh von Mexiko», ein Zentrum für Mexikos Eisen-, Stahl-, Zigaretten-, Zement-, Ziegel-, Seifen- und holzverarbeitende Industrie. Am Westrand der Stadt führt eine Höhenstraße auf die *Mesa de Chipinque*, dem mit fabelhaften Wanderwegen und großartigen Aussichtspunkten versehenen Wohngebiet der Reichen.

Stille, stimmungsvolle Wüstenlandschaften prägen das Bild des riesigen Bundesstaats Coahuila (oben und rechts). Während sich hierher nur selten ein Tourist verirrt, wird Baja California (unten San Ignacio) als Reiseziel immer beliebter.

Der im Osten angrenzende Bundesstaat Tamaulipas, der sich an die Golfküste anschmiegt, verdankt seine wirtschaftliche Bedeutung nicht nur den erdölverarbeitenden Industrien, sondern auch seiner Grenzstadt *Nuevo Laredo*, in der sich mehr als sechzig für die USA arbeitende Zwischenfertigungsbetriebe angesiedelt haben. Dank des regen Warenverkehrs hat Nuevo Laredo, die Schwesterstadt des texanischen Laredo jenseits der Staatsgrenze, höhere Zolleinkünfte als irgendeine andere mexikanische Grenzstadt. An den Meeresstränden von Tamaulipas, dessen Hauptstadt Ciudad Victoria ist, werden jedes Jahr zahlreiche nationale und internationale Sportfischerei-Wettbewerbe für Barsche, Forellen oder Merline abgehalten. Zwischen Nuevo Laredo und der Golfküste befindet sich ein riesiger Stausee am Río Grande, der vor fast fünfzig Jahren errichtet wurde und die alte Stadt Guerrero überflutete, deren hübsche Kolonialkirche nun wie ein stummer Zeuge aus dem Wasser ragt.

Wild zerklüftet präsentiert sich die Sierra Madre Occidental dem Betrachter bei El Salto (Durango).

Berge, Meere und alte Kulturen

Von Puerto Vallarta nach Veracruz

An Mexikos über 5000 Kilometer langer Pazifikküste findet jeder Badeurlauber den geeigneten Ort für seinen persönlichen Geschmack: modernste Ferienorte mit Luxushotels, einsame Strände, einfache Fischerdörfer oder solche, die ihre alten Traditionen mit modernem Komfort verbinden. Fast an allen erschlossenen Stränden gibt es ein umfangreiches Angebot für alle Arten von Wassersport wie Bootfahren, Surfen, Tauchen und Schnorcheln, Wasserski, Paragliding oder Hochseefischen. Für kulinarische Genüsse sorgt eine reichhaltige Auswahl an fangfrischen Fischen und Meeresfrüchten wie Langusten, Austern, Krabben oder Meeresschnecken.

Festlich gekleideter Volador bei El Tajín. Beim Flug der Voladores handelt es sich um ein uraltes Fruchtbarkeitsritual, das heute zwar oft als Touristenattraktion dient, deshalb aber nicht weniger gefährlich und spektakulär ist (siehe Seite 110).

Badeparadiese am Pazifik

Der Aufschwung von *Puerto Vallarta* zum international bekannten Badeort begann 1964, als John Huston in der versteckten Bucht von Mismaloya den Film «Die Nacht des Leguans» mit Richard Burton, Ava Gardner und Liz Taylor drehte und das kleine Fischerdorf inmitten der riesigen Bucht Bahía de las Banderas über Nacht weltberühmt machte. Noch heute ist die «Gringoschlucht», in der die ehemalige Villa von Richard Burton und Liz Taylor liegt, ein beliebtes Ausflugsziel für Puerto Vallartas zahlreiche Besucher. Obgleich sich inzwischen viele Luxushotels an seinen wunderschönen Stränden und Buchten angesiedelt haben, wird Puerto Vallarta immer noch als der mexikanischste Badeort der Westküste betrachtet. Enge, kopfsteingepflasterte Gassen führen durch seine romantische Altstadt mit weißen Häusern und blumengeschmückten Balkonen, deren hübsche Kunstgewerbeboutiquen zu einem Einkaufsbummel einladen.

Im 280 Kilometer südlich gelegenen *Manzanillo*, in dessen versteckten Buchten englische und holländische Piraten während der Kolonialzeit Zuflucht suchten, verbringen dagegen hauptsächlich mexikanische Familien ihre Ferien – sehr zur Freude der wenigen ausländischen Touristen.

230 Kilometer nordwestlich von Acapulco (siehe Seite 112) liegt die sanft geschwungene Bucht von *Ixtapa*, einem vor weniger als zwei Jahrzehnten erschlossenen modernen Ferienort, der – ebenso wie Cancún – auf dem Reißbrett geschaffen wurde, jedoch wesentlich ruhiger und beschaulicher ist.

Östlich von Acapulco zieht sich die *Sierra Madre del Sur* parallel zur Pazifikküste bis an den Isthmus von Tehuantepec. In dem dazwischenliegenden trockenen Landstreifen leben hauptsächlich Mixtekenindianer in weit verstreuten, traditionellen Dörfern. Auch das Küstengebiet mit seinen herrlichen Stränden und Buchten ist bis zu dem 400 Kilometer entfernten Badeort Puerto Escondido bisher noch vollkommen unerschlossen geblieben.

Puerto Escondido («Versteckter Hafen») hat sich in den letzten zwei Jahrzehnten von einem verschlafenen Fischerdorf in einen hübschen Badeort verwandelt, dem es trotz der Errichtung eines internationalen Flughafens gelang, seine überlieferten Lebensformen weitgehend zu bewahren und mit modernem Komfort zu verbinden. Surfer besuchten diesen Ort schon lange vor seiner touristischen Erschließung.

Rund 60 Kilometer südöstlich davon liegt *Puerto Angel*, das dank seiner schönen Strände und Buchten zwar auf eine lange Tradition als Badeort zurückblickt, aber trotzdem ein romantisches Fischerdörfchen geblieben ist, das nie die negativen Folgen des Massentourismus zu spüren bekam. Der flache, saubere Strand Playa del Panteón eignet sich hervorragend zum Schnorcheln. Am Rand des Dorfes wurde 1992 die auf Meeresökologie und Artenschutz spezialisierte Universidad del Mar errichtet.

Schuhputzer haben nicht nur in Oaxaca-Stadt immer Konjunktur – ungepflegtes Schuhwerk ist selbst für die Unterschicht unvorstellbar!

Westlich von Puerto Angel erstreckt sich der 2 Kilometer lange Strand von *Zipolite*, der vor allem von Rucksackreisenden aufgesucht wird, die im Freien in Hängematten übernachten. Seine Brandung ist wegen der starken Unterwasserströmungen allerdings wesentlich gefährlicher, als es den Anschein hat und fordert jedes Jahr mehrere Todesopfer. Ganz in der Nähe davon befindet sich in *Tonameca* Mexikos wichtigstes Habitat für Meeresschildkröten, die, ebenso wie ihre an den Stränden vergrabenen Eier, seit 1990 unter gesetzlichem Schutz stehen.

Etwa 50 Kilometer südwestlich von Puerto Angel wurde vor kurzem entlang eines 35 Kilometer langen Küstenstreifens Mexikos jüngstes Tourismus-Großprojekt *Bahías de Huatulco*

Die Buchten von Huatulco gehören zu den landschaftlich attraktivsten Badeplätzen am Pazifik.

Das idyllische Fischerdorf Mismaloya (links und oben) wurde Anfang der sechziger Jahre durch den von John Huston gedrehten Film «Die Nacht des Leguans» schlagartig berühmt.

realisiert, bei dessen vorausschauender Planung man alle bislang bei ähnlichen Projekten begangenen Fehler zu vermeiden versuchte. So wurde ein Großteil des paradiesischen Küstenabschnitts als Naturschutzgebiet ausgewiesen.

Huatulco, dessen Hotels nicht mehr als sechs Stockwerke haben dürfen, besitzt 36 Strände mit jeweils verschiedenartigen Unterwasser-Habitaten – ein Eldorado für Taucher. In seinen beiden Marinas können bis zu 150 Yachten vor Anker gehen.

Am Wochenende strömen viele Hauptstädter in den Badeort Puerto Escondido (unten und rechts) – dann wird hier bis in den Morgen gefeiert und getanzt.

Oaxaca – die «indianische Seele» Mexikos

Die Strände von Puerto Escondido bis Huatulco befinden sich im Bundesstaat Oaxaca, dessen gleichnamige Hauptstadt etwa 250 Kilometer nördlich davon, im Landesinneren, liegt. *Oaxaca-Stadt* ist zwar ein wichtiges Tourismuszentrum, hat jedoch ihr Flair einer romantischen, künstlerisch-verträumten Kolonialstadt beibehalten, in der Gegenwart und Vergangenheit harmonisch aufeinander abgestimmt sind. Enge Straßen und Gassen führen vorbei an prachtvollen Kirchen und hübschen Kolonialbauten, in denen zahlreiche Museen (etwa das Museo de Arte Prehispánico Rufino Tamayo, eine erstklassige Sammlung vorspanischer Kunst) und Kunsthandwerksgeschäfte untergebracht sind. In mehreren Teilen der Stadt stößt man auf indianische Märkte, wo

Künstler in ihrer farbenprächtigen traditionellen Kleidung handgewebte Teppiche, selbstgesponnene Kleidungsstücke, Kunstgegenstände aus schwarzem Ton, Lederwaren, goldene Ohrringe (Repliken des Mixtekenschatzes von Monte Albán) und viele andere Handarbeiten anbieten.

Ein koloniales Barockjuwel von Oaxaca-Stadt ist die Kirche von Santo Domingo, an deren prächtiger, mit zahlreichen vergoldeten Ornamenten geschmücker Innengestaltung sich mexikanische Künstler aus verschiedenen Landesteilen beteiligten. Gleich nebenan kann man im Museo Regional de Oaxaca den reichsten Schatz bewundern, der jemals in Amerika gefunden wurde: Masken, Schmuck und Brustplatten aus Gold, Jade, Türkis und anderen Edelsteinen, die von den Mixteken in einem Grabmal von Monte Albán hinterlassen wurden.

Die Ruinenstadt *Monte Albán* mit ihren uralten unterirdischen Grabkammern liegt nur wenige Kilometer von Oaxaca-Stadt entfernt. Ihre Geschichte reicht zurück bis ins 8. Jahrhundert v. Chr., als die Olmeken die Spitze des «Weißen Berges» (Monte Albán) abtrugen, um dort eine Plattform für ihr Zeremonialzentrum zu schaffen, das sich über ein Gebiet von 37 Quadratkilometern erstreckte. Zwischen 300 und 700 n. Chr. war Monte Albán die bedeutendste Kultstätte der Zapoteken. Etwa dreihundert Jahre nach seinem Verfall drangen Mixtekenvölker in die zentralen Täler von Oaxaca ein und nützten die uralten Gräber, um dort ihre eigenen Würdenträger zu bestatten. Auf Monte Albán folgte im 8. Jahrhundert n. Chr. Mitla («Ort der Toten») als Zeremonialzentrum der Zapoteken. Zwischen Monte Albán und

Die Kathedrale von Oaxaca-Stadt (oben) ist mit ihrer wuchtigen Fassade und den relativ niedrigen Türmen ein gutes Beispiel für den mexikanischen «Erdbebenbarock».

Oaxaca-Stadt ist nicht nur für seine imposanten Kirchen und malerischen Plätze, sondern auch für seine bunten indianischen Märkte berühmt.

Fortsetzung Seite 110

Artesanía

Kunsthandwerk in Mexiko

In Zinacantán (Chiapas) wird die Wolle noch mit Naturfarben gefärbt und zu traditionellen, handgewebten Stoffen verarbeitet.

Das leuchtende Rot ihrer «huipiles» lockt uns an: Die Muster der gewebten Umhängeblusen verraten Kennern, aus welchem Dorf der Umgebung die Triqueindianerinnen stammen, die auf einer kleinen Plaza in Oaxaca-Stadt ihre farbenprächtigen Textilien anbieten. Dabei lassen sie die Hände nicht ruhen, sondern weben fleißig weiter mit ihrem «telar de cintura», einem althergebrachten Webgürtel. Im Bundesstaat Oaxaca haben sich wie andernorts in Mexiko viele vorspanische Handwerkstechniken erhalten. So werden die wundervollen schwarz gebrannten Tonkrüge von San Bartolo Coyotepec noch ohne Töpferscheibe geformt. In Teotitlán del Valle dagegen klappern große Webstühle, die von den Spaniern eingeführt wurden, wie auch die Keramikglasuren und Brennöfen, die Technik der Glasherstellung sowie das Eisen und seine Verarbeitung in der Schmiede.

Dämonische Holzmasken, buntlackierte Kalebassen, bestickte Blusen, Kupfertiegel und Silberschmuck, Wandteppiche, verzierte Lederwaren, naive Gemälde auf Baumrindenpapier, Lebensbäume aus Ton und skurrile Tiere aus Pappmaché: Mexikos überbordender Reichtum an Volkskunst, der auf Märkten und in den Artesanía-Läden ausgebreitet ist, verdankt sich der gegenseitigen Befruchtung von altindianischer und europäischer Kunstfertigkeit. In phantastischen Farben und Formen wird fast jedes nur denkbare Material in ein Stück «arte popular» verwandelt, und jede Region hat ihre Spezialitäten. Vor der Kreativität der Mexikaner sollte man den Hut bzw. den Sombrero ziehen, auch wenn sie sich als Überlebenskünstler auf «Mexican Curios» spezialisieren und eigens für Touristen Souvenirs fabrizieren, die in der Tat oft kurios sind. Aber warum sollte man etwa den berühmten «Aztekenkalender» nicht in Aschenbecher einritzen oder auf Ledertaschen prägen, wenn Liebhaber das tonnenschwere Original im Museo Nacional de Antropología in Mexiko-Stadt doch nicht einstecken können?

Jutta Schütz

Die Töpferscheibe führten erst die Spanier in Mexiko ein.

Handgeschöpftes und bemaltes Papier ist ein beliebtes Souvenir.

Auf Mexikos Märkten ist die Auswahl an Keramik riesig. Viele Stücke werden noch individuell mit der Hand bemalt.

Die Spitze des «Weißen Berges» (Monte Albán) wurde schon vor rund 2700 Jahren von den Olmeken (ohne technische Hilfsmittel!) abgetragen. Auf fast 2000 Meter Höhe entstand hier um 300 n. Chr. die bedeutendste Kultstätte der Zapoteken in Oaxaca. Von den spanischen Eroberern wurde das einzigartige Bauensemble schlichtweg übersehen – nur deshalb entging es der Zerstörung.

Der Parque La Venta in Villahermosa

Für viele zählt der Parque La Venta zu den schönsten Museen Mexikos: Die eindrucksvolle Ausstellung inmitten tropischer Umgebung am Rand von Villahermosa hat sich nicht nur seinen Namen von dem 80 Kilometer entfernten Dorf im südwestlichsten Teil dieses Staates entliehen, sondern auch mehr als zwei Dutzend einzigartige steinerne Monumente. Das ursprüngliche La Venta blühte zwischen 600 und 400 v. Chr., das Freilichtmuseum La Venta hingegen, das den überwältigten Besucher durch 3000 Jahre Geschichte führt, wurde in den späten fünfziger Jahren von Carlos Pellicer geschaffen, einem der führenden Literaten Mexikos, der ein leidenschaftlicher Olmeken- und Mayaforscher war. Unter den großartig angeordneten Ausstellungsstücken befinden sich drei der 16 bisher gefundenen monumentalen (bis zu 18 Tonnen schweren!) Basaltköpfe, eine aus Basaltsäulen geformte Grabstätte, sieben riesige Altare, vier steinerne Stelen sowie zwei riesige Mosaike, die aus je 485 blaugrünen, fast 8 Meter dicken Marmorsteinen bestehen und eine stilisierte Jaguarmaske darstellen. Der Marmor wurde vermutlich von der 250 Kilometer entfernten Pazifikküste nach La Venta befördert – vor 2600 Jahren ohne Hilfe des Rades!

Mitla steht jener Baum, der die wechselhafte, noch immer nicht vollständig geklärte Geschichte dieses Gebietes erzählen könnte. Es handelt sich um *El Tule*, eine über 2000 Jahre alte Sabino-Zypresse, deren Umfang 42 Meter beträgt!

Mitla wurde wahrscheinlich ebenfalls eine Zeitlang von den Mixteken übernommen und weiter ausgebaut, war jedoch zur Zeit der Konquista ausschließlich von Zapoteken bewohnt. Die meisten der heute erhaltenen Tempel und Säulenpaläste mit ihren einzigartigen Steinmosaiken entstanden in den drei der spanischen Konquista vorausgehenden Jahrhunderten. Mitla wurde 1494, zwei Jahre nach der «Entdeckung» Amerikas, von den

Azteken erobert. Heute ist Mitla auch als «Dorf der Weber» bekannt: Auf seinen Märkten gibt es eine riesige Auswahl von handgewebten Hemden und Blusen, Teppichen und Hängematten.

220 Kilometer östlich der Stadt Oaxaca befindet sich Mexikos schmalste Stelle zwischen den beiden Weltmeeren, der 220 Kilometer breite Isthmus von Tehuantepec. Auf pazifischer Seite beginnt die Landenge an der trockenheißen Erdölstadt Salina Cruz, am Atlantik an der feuchtheißen Erdölstadt Coatzacoalcos. Nahe Salina Cruz liegt das freundliche Städtchen *Tehuantepec*, das als Mexikos «feministische Metropole» bekannt ist. Man merkt sofort, daß dort die Zapotekenfrauen die Hosen anhaben – selbst dann, wenn sie mit wunderschönen, handbestickten «huipiles» (Blusen) und farbenprächtigen Baumwollröcken bekleidet sind. Die Frauen bestimmen hier – ganz unmexikanisch – das lokale wirtschaftliche und politische Geschehen und spielen auch bei den vielen traditionellen Fiestas die führende Rolle.

Beim Flug der Voladores stürzen sich vier Totonaken, ein Seil um die Knöchel gebunden, kopfüber von einem rund 20 Meter hohen Mast nach unten, während ein fünfter auf der winzigen Plattform auf der Flöte spielt und tanzt. Genau 13 Mal umkreisen die vier fliegend den Mast, denn 4 x 13 ergibt 52, die wichtigste Zahl der aztekischen Zeitrechnung.

Fortsetzung Seite 114

Acapulco

«Perle am Pazifik»

Acapulco war Mexikos erstes Ferien-Seebad, und für viele Mexikaner ist es immer noch das bedeutendste. Weiße Sandstrände, Luxushotels, edle Boutiquen und Diskotheken reihen sich an der wunderschönen Bucht dieses Naturhafens, an dem die Temperaturen das ganze Jahr über zwischen 27 und 33 Grad Celsius liegen und an 350 Tagen die Sonne scheint.

Acapulco war bereits vor 2500 Jahren bewohnt. Während der gesamten Kolonialzeit dockte in seinem Hafen die zwischen Neuspanien und den Philippinen verkehrende Handelsflotte. Acapulcos Reichtum lockte damals auch zahlreiche englische und holländische Seeräuber an. Als Mexiko sich jedoch zu Beginn des 19. Jahrhunderts von der Kolonialherrschaft befreite, verloren auch die Häfen seiner Westküste ihre Bedeutung und verwandelten sich allmählich in verschlafene Fischerdörfchen. Acapulco war eines von diesen, bis es vor etwa fünfzig Jahren von Tourismusunternehmern entdeckt wurde. Heute zählt die Stadt bereits eineinhalb Millionen Einwohner. Doch Acapulco war zu rasch zu groß geworden. Seine verstärkt auftretenden sozialen und ökologischen Probleme sprachen sich herum und schadeten seinem Ruf. Seit eini-

Durch Stars wie Teddy Stauffer und Errol Flynn wurde Acapulco mit seinen berühmten Klippenspringern in den sechziger Jahren weltbekannt.

In der sanft geschwungenen, malerisch gelegenen Bucht von Acapulco reiht sich ein Hotel an das nächste. Einen besonders schönen Panoramablick hat man vom Restaurant des «Hotel las Brisas».

gen Jahren unternimmt die Stadt jedoch zahlreiche Anstrengungen, um den alten Glanz des Hafens wiederherzustellen. Verschärfte Umweltauflagen und aufwendig gestaltete Festivals sollen dazu beitragen. An kaum einem anderen Badeort ist das Freizeitangebot so groß und vielfältig wie in Acapulco. Seine Besucher können die Bucht von der Vogelperspektive aus betrachten, indem sie mit einem Paragleitschirm darübergleiten; Motor-, Segel- und Tretboote, Kanus oder Jetskis stehen zur

Verfügung, um sie aus der Nähe zu erforschen. Wer sich dafür interessiert, wie es unter der Meeresoberfläche aussieht, kann die Bucht entweder mit einem Glasbodenboot durchkreuzen oder selbst schnorcheln oder tauchen. Auch Sportfischer kommen auf ihre Rechnung und können sich den selbstgefangenen Merlin gleich an Ort und Stelle ausstopfen lassen; er wird ihnen mit Sicherheit in ihren Heimatort nachgeschickt. Ein erfrischender «Coco-loco» (Kokossaft mit Tequila, der in einer halben Kokosnuß serviert wird) ist überall am Strand erhältlich, und die Auswahl an Restaurants ist schier unerschöpflich.

Acapulco rühmt sich nicht nur der besten Diskotheken, sondern es besitzt außerdem das obligatorische «Hardrock Café» sowie ein «Planet Hollywood»-Restaurant, das 1996 von Silvester Stallone eröffnet wurde. Unvergeßlich ist ein Abendbesuch bei La Quebrada, wo der Besucher zusehen kann, wie junge Mexikaner mit brennenden Fackeln kopfüber aus 40 Meter Höhe in die Gischt einer winzigen Bucht springen. Die wagemutigen «Clavadistas» müssen auf die Sekunde genau die einrollende Brandung treffen – vor jedem Sprung wird an einer Madonnenstatue gebetet.

Sigrid Diechtl

Nachdem 1927 eine Straße von Mexiko-Stadt nach Acapulco gebaut worden war, entstanden dort die ersten Wochenendhäuser der Hauptstädter.

Im Land der Olmeken und Totonaken: Tabasco und Veracruz

Der relativ kleine Bundesstaat Tabasco östlich des Isthmus verdankt seinen Ruf nicht nur der scharfen Tabasco-Soße, sondern insbesondere seinen eindrucksvollen Ausgrabungsstätten aus der Olmekenzeit sowie seinen gegenwärtigen reichhaltigen Erdölvorkommen. Seine Hauptstadt *Villahermosa* («Schöne Stadt») trägt ihren Namen mit Recht, denn im Gegensatz zu anderen mexikanischen Erdölstädten ist sie tatsächlich schön. Breite, schattige Alleen, großzügig angelegte Parkanlagen, eine romantische Altstadt und ein hervorragendes kulturelles Angebot machen einen Besuch trotz der oft drückenden Hitze lohnenswert.

An Tabasco schließt im Westen der langgezogene Bundesstaat Veracruz an, der sich im Nordwesten bis an den über 700 Kilometer entfernten Hafen von Tampico erstreckt. Auf halbem Weg zwischen der eher häßlichen Erdölstadt Coatzacoalcos und der Stadt Veracruz befindet sich das Vulkangebiet von *Los Tuxtlas*, dem am nördlichsten gelegenen feuchttropischen Regenwaldgebiet des amerikanischen Kontinents, das dank seiner geographischen Lage und seiner fruchtbaren Vulkanböden zu den artenreichsten Gegenden der Erde gehört. Mit seinen üppigen tropischen Regenwäldern, in denen Brüll- und Spinnenaffen beheimatet sind, sowie seinen saftigen, vulkanischen Hügelketten in allen Grün-

Jahrhundertelang war Veracruz einer der bedeutendsten Handelshäfen der Neuen Welt. Heute lockt die quirlige Stadt mit ihrem karibischen Flair und dem berühmten Karneval vor allem Touristen an. Der Fremdenverkehr ist neben der Erdölförderung die wichtigste Einkommensquelle der Region.

Anglerglück in Acapulco (links) und Puerto Escondido (oben).

schattierungen ist dieser Teil des Kerngebiets der Olmekenkultur zweifellos eine der magischsten Regionen von Mexiko. Sein höchster Berg, der Vulkan San Martín, ist mit verzaubert anmutenden tropischen Nebelwäldern bedeckt, in denen manchmal noch der Schrei des herrlichen Quetzal-Vogels zu hören ist. Jede seiner drei wichtigsten Städte – Catemaco, San Andrés Tuxtla und Santiago Tuxtla – besitzt ihren eigenen Charme. *Catemaco*, ein kleines quirliges Fischerstädtchen am Ufer des gleichnamigen Sees, verdankt seine Bekanntheit nicht nur den Naturschönheiten, sondern auch seinen Schamanen («brujos»), die ihre Patienten mit Hilfe traditioneller Heilpflanzen und bestimmter Rituale von Krankheiten, üblen Geistern oder dem «bösen Blick» befreien, Liebespaare wieder zusammenbringen oder auch Bösewichte bestrafen. Zwei mexikanische Universitäten unterhalten biologische Forschungsstationen nahe Catemaco. Ihren Bemühungen verdankt der See seine «Affeninsel», die seit 1974 von freilebenden Makaken bevölkert ist, die vom Boot aus beobachtet werden können. *San Andrés Tuxtla* ist das politische und wirtschaftliche Zentrum der Region, während das in der Nähe der Olmekenstätte Tres Zapotes gelegene *Santiago Tuxtla* mit seinem eindrucksvollen Archäologischen Museum das kulturelle Zentrum bildet, an dessen Zócalo einer der riesigen monolithischen Olmekenköpfe im Freien bewundert werden kann.

Hernán Cortés landete 1519 in der Bucht von Veracruz und gründete dort «La Villa Rica de la Vera Cruz», die erste Stadt auf dem neuentdeckten Kontinent (heute das nördlich von Veracruz gelegene La Antigua). *Veracruz* blickt auf eine außerordentlich bewegte Geschichte zurück. Während und nach der spanischen Kolonialzeit war es der bedeutendste Umschlagplatz für afrikanische Sklaven sowie für alle Arten von Handelswaren. Daher ist es nicht verwunderlich, daß dieser Naturhafen mehrere Angriffe von Piraten (Francis Drake war der berühmteste) über sich ergehen lassen mußte. Dank ihrer strategisch wichtigen Lage war die Stadt auch mehrmals in ihrer Geschichte gezwungen, sich gegen die Angriffe ausländischer Mächte zu verteidigen. Daher wurde bereits im frühen 16. Jahrhundert auf der damaligen Insel

San Juan de Ulúa, die heute mit dem Festland verbunden ist und besichtigt werden kann, ein mächtiges Fort errichtet, das später, insbesondere unter der Herrschaft des berüchtigten Diktators Porfirio Díaz, auch als Gefängnis für politische Gefangene diente. Porfirio selbst trat 1911 seine eigene Reise ins Exil vom Hafen von Veracruz aus an. Die jahrelang anhaltende blutige Revolution, die seine Gewaltherrschaft ausgelöst hatte, erlebte Porfirio

Im Parque La Venta in Villahermosa sind Skulpturen, Stelen und Altäre der Olmekenkultur ausgestellt. Höhepunkt des phantastisch gestalteten Freilichtmuseums sind die bis zu 3 Meter hohen, geheimnisumwitterten Kolossalköpfe.

Díaz nur noch über die damals in Frankreich verfügbaren Medien. Die heutige Stadt Veracruz wird üblicherweise als «Puerto de Veracruz» (Hafen von Veracruz) bezeichnet, um sie vom Bundesstaat Veracruz (dessen Hauptstadt Jalapa ist) zu unterscheiden. Veracruz, dessen Einwohnerzahl bereits die Millionengrenze erreicht hat, ist bis heute die bedeutendste Hafenstadt Mexikos geblieben und hat sich außerdem zu einem wichtigen Touristen-

Umgeben von Vanilleplantagen und Dschungel erhebt sich die einstige Kultstätte der Totonaken El Tajín (oben). Einzigartig ist die Nischenpyramide mit 365 ehemals bemalten Nischen (linke Seite).

zentrum mit fröhlich-lebhafter, karibisch anmutender Atmosphäre entwickelt. Um den Zócalo und an der nahe gelegenen Hafenpromenade («malecón») findet man zahlreiche Cafés (darunter das berühmte «Gran Café de la Parroquia»), Bars, Fischrestaurants, Verkaufsstände, Harfenspieler, Marimba- und Mariachi-Musiker sowie Gaukler und Jongleure, die die Besucher der Stadt unterhalten, während Eis- und Luftballonverkäufer zwischen den Spaziergängern umhereilen.

Die letzten neun Tage vor dem Aschermittwoch sind dem Karneval gewidmet, der als der schönste und spektakulärste zwischen Rio de Janeiro und New Orleans gilt. Der erste der täglichen Umzüge dient der «Verbrennung der schlechten Laune», der letzte endet mit dem «Begräbnis des Juan Carnaval». Dazwischen gibt es tägliche Feuerwerke, Musik- und Tanzvorführungen, Kinderumzüge und immerwährende Fiesta-Stimmung.

Etwa 200 Kilometer nordwestlich von Veracruz, nahe der Stadt Papantla, liegt die Ausgrabungsstätte *El Tajín*, das bedeu-

Rund 15 Kilometer außerhalb von Villahermosa erstreckt sich der über 100 Hektar große Ökopark Yumká mit zahlreichen einheimischen Wildtieren. Tukane, Papageien und Affen kann man mit etwas Glück in Mexiko auch in der freien Natur beobachten. Die Wahrscheinlichkeit, einen Jaguar, Ameisenbär oder ein Krokodil zu sehen, ist dagegen äußerst gering.

tendste kulturelle und religiöse Zentrum der Totonakenkultur, das zwischen den Jahren 100 und 700 n. Chr. errichtet und um 1200 wieder verlassen wurde. Zwischen mehreren Pyramiden, unter denen besonders die geheimnisvolle Nischenpyramide hervorsticht, befinden sich wenigstens elf rituelle Ballspielplätze. An den umliegenden Mauern sind sechs Skulpturen angebracht, die über einige der alten Totonakenzeremonien und -rituale Aufschluß geben. Wenigstens eine symbolgeladene Zeremonie wird von den heute lebenden Totonaken weiterhin praktiziert: die Vorführung der «Voladores de Papantla», der «Fliegenden Männer von Papantla» (siehe Seite 110). Und noch ein Wort zu den alten Totonaken: Sie waren die einzigen bekannten vorspanischen Indianer Mexikos, die nicht nur grimmige, sondern auch herzlich lachende Tonfiguren hinterlassen haben.

Magische Morgenstimmung in den Regenwäldern bei Palenque, der berühmtesten Mayastätte in Chiapas.

Die Welt der Maya

Chiapas und die Halbinsel Yucatán

Östlich des Isthmus von Tehuantepec beginnt geographisch Mittelamerika und kulturell die Welt der Maya. «El Mundo Maya» präsentiert sich voller Geheimnisse, wenn es um die Vergangenheit geht, und von eigenartiger Faszination in der Gegenwart. Das Kernland der 3000 Jahre alten Mayahochkultur umfaßte einst die heutigen mexikanischen Bundesstaaten Tabasco, Chiapas, Campeche, Yucatán und Quintana Roo, die Nachbarländer Guatemala und Belize sowie Honduras und El Salvador. Grandiose Zeugnisse der klassischen Mayaarchitektur, zum Teil überwuchert von dichtem Dschungel, zum Teil von Archäologen sorgfältig restauriert, und der farbenprächtige Alltag der Maya heute machen den besonderen Reiz dieser Region aus. Atemraubende Naturschönheiten vom Regenwald bis zum Traumstrand am Korallenriff bilden dazu die malerische Kulisse. Auch das 21. Jahrhundert hat längst Einzug gehalten in Form von großzügigen Ferienanlagen, die keinen Komfort vermissen lassen.

Beim kultischen Ballspiel Pelota mußte der Kautschukball mit dem Körper durch einen Steinring, wie hier in Chichén Itzá, geschleudert werden, das Schlagen mit Händen und Beinen war verboten. Die Verlierer wurden vermutlich dem Sonnengott geopfert – ein «Ehrentod». Geruhsamer geht es bei den Nachfahren der Maya in der nahen Stadt Izamal zu (rechte Seite).

Chiapas – magisches Land zwischen Frust und Folklore

Chiapas, der südlichste Bundesstaat Mexikos, der im Osten an Guatemala grenzt, beeindruckt durch seine abwechslungsreiche Landschaft und seine einmalige Vielfalt an Tieren und Pflanzen. Allein über sechshundert Vogelarten wurden registriert, darunter winzige Kolibris und Harpyien, sehr seltene Waldadler. Nahezu unberührt ist die 260 Kilometer lange Pazifikküste mit der *Schutzzone La Encrucijada*, einem Paradies für Wasservögel. Undurchdringlich erscheint der tropische Regenwald der Selva Lacandona. Die Berge der Sierra Madre de Chiapas steigen bis auf 4000 Meter an und sind von Nadelwäldern bedeckt. Im *Reservat El Triunfo* wird mit dem letzten Stück Nebelwald auch der Lebensraum des «Göttervogels» Quetzal geschützt, den die Maya ebenso verehrten wie später die Azteken. Mit seinen blaugrün schillernden, bis zu 1 Meter langen Schwanzfedern durften sich nur Priester und Herrscher schmücken.

Weitere Reservate und Nationalparks wurden zum Schutz der Flora und Fauna eingerichtet, während anderswo Holzfäller, Viehzüchter und nicht zuletzt die Suche nach bzw. die Förderung von Erdöl – Chiapas hat enorme Vorkommen – zur Zerstörung der Natur beitragen. In erster Linie ist Chiapas jedoch Agrarland:

An den südlichen Berghängen herrschen ideale Bedingungen für den Kaffeeanbau; im Tiefland breiten sich Bananenplantagen aus.

In Chiapas regnet es viel, und entsprechend reich ist der Bundesstaat an Wasser. Zwei der wichtigsten Flüsse Mexikos, der Río Grijalva und der Río Usumacinta, liefern dem ganzen Land Energie und sind wie andere Flüsse, Seen und Wasserfälle beliebte Ausflugsziele zur Erholung. In Jahrtausenden hat sich der Río Grijalva durch den spektakulären *Cañón del Sumidero* gegraben. Der Sage nach stürzten sich 1528 von den bis zu 1000 Meter steil abfallenden Felswänden Hunderte von Indígenas hinab, um der schmachvollen Eroberung durch die Spanier zu entgehen.

Chiapas hat aber noch mehr grandiose Naturschauspiele zu bieten: In allen Grün- und Blautönen leuchten die Seen der *Lagunas de Montebello* dicht an der Grenze zu Guatemala. Auf dem Weg nach Palenque laden die malerischen Wasserfälle von

Die Nachfahren der «Hombres de Maíz» (Maismenschen), wie sich die Maya nannten, prägen heute noch den Alltag in Chiapas – ob vor der prächtigen Barockkirche Santo Domingo in San Cristóbal (rechte Seite) oder am Marktplatz von San Juan Chamula. Hinter der kolonialen Kulisse vermischen sich katholische Lehren mit uralten Kulten: So werden etwa in der Kirche von San Juan Chamula regelmäßig schamanistische Riten abgehalten. Doch trotz aller Faszination – beim Besuch von Indianerdörfern sind Takt- und Fingerspitzengefühl gefragt!

Agua Azul, die sich in unzähligen Kaskaden über Felsvorsprünge ergießen, zu einem erfrischenden Bad ein. Ein Stück weiter bei *Misol-Ha* stürzt das Wasser über 30 Meter in die Tiefe, ausgebreitet vor einem felsigen Halbrund wie ein durchsichtiger Vorhang.

Die Hauptstadt von Chiapas ist *Tuxtla Gutiérrez* auf einer schwülheißen, 500 Meter hoch gelegenen Ebene. Der modernen Handelsstadt fehlt die typisch mexikanische Ausstrahlung, doch sie beherbergt im Regionalmuseum bedeutende Mayakunstwerke und im Zoo ausschließlich Tiere aus Chiapas, die in der freien Wildbahn selten zu sehen sind, wie Tapir, Ozelot und Jaguar. Das schmucke Nachbarstädtchen *Chiapa de Corzo*, Ausgangspunkt für eine Bootsfahrt durch den Cañón del Sumidero, erinnert mit einem von maurischen Bögen gekrönten Brunnen und der Kirche aus dem 16. Jahrhundert an die Kolonialzeit. Bekannt ist Chiapa de Corzo ferner für Lackarbeiten, für die es ein eigenes Museum gibt, und für seine ausgelassenen Fiestas.

Das Herz von Chiapas schlägt in 2100 Meter Höhe, in *San Cristóbal de las Casas*. Die einstige «Ciudad Real», die bereits 1528 gegründete «Königliche Stadt», vereint den Charme der Kolonialarchitektur mit indianisch geprägtem Alltag. Größte Attraktion ist denn auch der Markt, mit Früchten und Gemüsen, lebenden und frisch geschlachteten Tieren, mit Blumen und Kräutern und vielem mehr: eine wahre Symphonie aus Farben, Gerüchen und Geräuschen. Jeden Morgen kommen die Indígenas zum Kaufen, Verkaufen oder Tauschen aus den umliegenden Dörfern. Aus welchem, läßt sich an ihren Trachten erkennen: Dunkelblau und Grau sind die Farben von San Juan Chamula, Rosa dominiert in Zinacantán, und in bunt bestickten Blusen zeigen sich die Frauen aus Tenejapa. Noch mehr Trachten lassen sich im Regionalmuseum im Dominikanerkloster bewundern und im angeschlossenen Laden oder auf dem großen Kunsthandwerksmarkt vor der Kirche Santo Domingo erwerben. Diese Kirche ist innen und außen weitaus prächtiger gestaltet als die Kathedrale am schönen Zócalo. 1994 geriet San Cristóbal de las Casas schlagartig in das Interesse der Weltöffentlichkeit durch den Auf-

stand der Zapatisten. In einem der ärmsten Bundesstaaten Mexikos erinnerten an dem Tag, an dem das Freihandelsabkommen NAFTA (North American Free Trade Agreement) in Kraft trat, Indígenas daran, daß Mexiko noch längst nicht den Sprung über die Schwelle von der Dritten in die Erste Welt geschafft hat. Die Zapatistische Nationale Befreiungsarmee (EZLN) beruft sich auf Emiliano Zapata und fordert wie der Held der Revolution von 1910 «tierra y libertad», Land und Freiheit, dazu Brot, Bildung und eine bessere Gesundheitsversorgung. Inzwischen sind die

Zapatisten im Stadtbild nur noch in Form von Stoffpüppchen für die Touristen präsent. Die Anhänger des «Subcomandante» Marcos haben sich zurückgezogen in die Selva und führen seither zähe, immer wieder abgebrochene Verhandlungen mit Regierungsvertretern. Als Vermittler fungiert Samuel Ruiz, der Bischof von Chiapas, der sich von jeher für die Indígenas eingesetzt und sich damit den Zorn der in Chiapas noch allgegenwärtigen Groß-

Die tiefe Frömmigkeit der Mexikaner kommt besonders bei den aufwendig gefeierten Kirchenfesten zum Ausdruck – Szenen bei einer Karfreitagsprozession in San Cristóbal de las Casas.

grundbesitzer eingehandelt hat. Die wenigsten Forderungen der Zapatisten wurden bislang erfüllt. Ausgebaut wurden jedoch Straßen und Flugplätze – angeblich für die Bequemlichkeit der Touristen, aber wohl doch eher zur besseren Kontrolle der Region durch das Militär.

Nur einen kleinen Eindruck von den Lebensbedingungen der Indígenas von Chiapas vermittelt ein Besuch in den Indianerdörfern. In der Kirche von *San Juan Chamula*, 10 Kilometer nordwestlich von San Cristóbal, werden im besten Synkretismus uralte Kulte praktiziert. Auch an christlichen Heiligen gewidmeten Festtagen – heiliger Sebastian in *Zinacantán*, Johannes der Täufer in San Juan Chamula – vermischen sich katholische Liturgie und Mayamythen.

Tzotziles, Tzeltales und Choles sind nur einige der ethnischen Gruppen, die verwandte Mayasprachen sprechen und an traditionellen Lebensgewohnheiten festhalten. Über Jahrhunderte hinweg weitgehend unbeeinflußt gelang dies nur den Lacandonen, die nie erobert wurden. Gertrude Duby Blom, Schweizer Fotografin, die im Zweiten Weltkrieg nach Mexiko ins Exil ging, widmete sich bis zu ihrem Tod 1993 dem Erhalt dieses einzigartigen Volkes im Regenwald (siehe Seite 136). Ihr Haus Na Bolóm in San Cristó-

Indianische Trachten, blumengeschmückte Kirchen und feierliche Prozessionen in den Straßen – in den indianisch geprägten Städten wie San Cristóbal de las Casas sind diese Festtagsumzüge ein wahrer Farbenrausch.

bal öffnete die resolute Dame Wissenschaftlern und richtete in einigen Räumen ein Lacandonenmuseum ein. «Straßen zerstören alles», hatte «Trudi» vorausgesagt. Über diese Straßen kommen die Lacandonen heute nach Palenque, um vor der archäologischen Stätte ihre traditionellen Pfeile als Souvenirs anzubieten.

Palenque ist eine der faszinierendsten Mayastädte. Der Begeisterung, die den Forscher John L. Stephens 1839 beim Anblick

Auf der Fahrt von San Cristóbal de las Casas nach Palenque bieten der Wasserfall von Misol-Ha (oben) und die Kaskaden von Agua Azul (rechts) die Gelegenheit zu einem erfrischenden Bad inmitten einer spektakulären Naturszenerie.

der vom Dschungel überwucherten Ruinen erfaßte, mag man sich auch nach sorgfältiger Arbeit der Archäologen immer noch anschließen: «Groß, erhaben, eindrucksvoll».

Labyrinthisch angelegt ist der «Palacio» genannte Komplex mit seinem ungewöhnlichen Turm. Der Tempel der Inschriften, nach den Steinplatten voller Glyphen benannt, verbirgt tief in seinem Innern das 1952 geöffnete Grabmal des Maya-

Eine Panoramastraße entlang des Cañón del Sumidero gibt immer wieder atemberaubende Blicke auf den 1000 Meter tiefer fließenden Río Grijalva frei. Von Chiapa de Corzo starten Boote zu einem Ausflug in den Cañón. Zu den bekanntesten Attraktionen auf der Fahrt gehört der «Arbol de Navidad», eine von Moosen bedeckte, an einen gigantischen Weihnachtsbaum erinnernde Felsformation.

königs Pacal, der Palenque im 7. Jahrhundert n. Chr. prägte. Für das Ensemble aus Kreuztempel, Blattkreuztempel und Sonnentempel zeichnete dessen Sohn Chan Bahlum verantwortlich, der sich auf zahlreichen Reliefs verewigen ließ. Die kostbaren Urnen, Gefäße und Figuren, die erst bei jüngsten Grabungen gefunden wurden, gehören heute zu den Glanzstücken im neu erbauten Museum in Palenque.
Tief im Dschungel, wo Brüllaffen, Tukane und Papageien ständig ein lautstarkes Konzert geben, verbirgt sich am Ufer des Usumacinta *Yaxchilán*, neben Palenque die bedeutendste vorspanische Stätte in Mexikos Süden. Der «Ort der grünen Steine» ist nur mit Boot oder Kleinflugzeug zu erreichen. Hier haben die Herrscher im 7. und 8. Jahrhundert n. Chr. ihre Taten in Stein meißeln lassen. Die Glyphen und szenischen Darstellungen auf Stelen, Treppenstufen und Türstürzen geben Auskunft über historische Ereignisse und dokumentieren Rituale wie das Blutopfer.

Die berühmten Wandmalereien von *Bonampak*, ein Halbtagesmarsch oder zehn Flugminuten entfernt, schildern eine Schlacht in allen Details, von den Vorbereitungen bis zur Siegesfeier. Diese spektakuläre Entdeckung 1946 rüttelte dennoch nicht am Mythos der «Griechen der Neuen Welt». Die Maya galten als friedliche Astronomen und Mathematiker, Künstler und Priester. Erst seitdem die Schrift entziffert werden kann, geben die in Stein gehauenen Geschichtsbücher immer mehr von dem über tausend Jahre lang gehüteten Geheimnis preis: Auch die Maya waren ein machthungriges Volk, das Kriege führte, Eroberungen betrieb, Gegner gefangennahm und diese den Göttern opferte.

Die Rolle von «Supermächten», die andere Staaten zu ihren Vasallen machten, spielten Tikal in Guatemala und *Calakmul* im Süden der Halbinsel Yucatán. Die Pyramiden, Tempel und Paläste von Calakmul wurden erst vor kurzem dem Urwald entrissen.

Berühmte Mayastätten in Yucatán

In der Blütezeit der Mayakultur (200–900 n.Chr.) war das Gebiet dichter besiedelt als Deutschland heute. Warum die Maya im Tiefland im 9. Jahrhundert plötzlich verschwanden, ist noch immer ungeklärt. Möglicherweise führten Überbevölkerung, Nahrungsmangel und Umweltkatastrophen neben Kriegen zum Zusammenbruch der Mayakultur im Tiefland. Doch im Norden

«Nichts hat mich im Roman der Weltgeschichte stärker beeindruckt», schrieb der Mayaforscher Stephens über die einzigartige Anlage von Palenque (Chiapas).

der Halbinsel Yucatán, im heutigen gleichnamigen Bundesstaat, begann noch einmal eine große Zeit. Auf der oberflächenwasserlosen Kalktafel errichteten die Maya ihre Siedlungen in der Nähe von Cenotes. Diese tief unter der Erde liegenden Wasserstellen werden durch Einbrüche der Kalksteindecke freigelegt.

«Am Rand des Brunnens der Wasserzauberer», so die Übersetzung von *Chichén Itzá*, gab es schon um 500 n.Chr. die erste Ansiedlung. Doch erst im 10. Jahrhundert, möglicherweise unter dem Einfluß der Tolteken, wuchs Chichén Itzá zur führenden Großstadt. Die gut erhaltenen bzw. bestens restaurierten Bauten und die erst kürzlich erweiterte Anlage machen Chichén Itzá heute zu einer der eindrucksvollsten Mayastätten. Das Macht- und Zeremonialzentrum konzentrierte sich um die Kukulkánpyramide, die dem Gott der Gefiederten Schlange (bei den Tolteken Quetzalcóatl) geweiht ist. Monumental gerieten auch der Tempel der Krieger, die Gruppe der Tausend Säulen, der Ballspielplatz

Fortsetzung Seite 134

Auf den Spuren der Maya

John L. Stephens und Frederick Catherwood

Zu ihrer Zeit war Reisen in Mittelamerika ein echtes und völlig unberechenbares Abenteuer. Sie schlugen sich mit der Machete durch den Dschungel, lebten unter primitivsten Bedingungen und gerieten in manche gefährliche Situation. Doch alle Strapazen waren vergessen, sobald John L. Stephens und Frederick Catherwood die überwucherten

Zeichnungen von Uxmal (oben) und Izamal (Mitte) von Frederick Catherwood (beide um 1840).

Ruinen bewunderten und damit ein unbekanntes Volk, das zu solch großartigen architektonischen Leistungen fähig war.

John L. Stephens (1805 bis 1852), gescheiterter Rechtsanwalt und erfolgreicher Reiseschriftsteller aus New York, und Frederick Catherwood (1799 bis 1854), britischer Zeichner und Architekt, brachen 1839 zu ihren gemeinsamen Forschungsreisen auf. Die akribischen Amateurarchäologen waren nicht immer «Entdecker», aber oft die ersten, die umfassend und zuverlässig Bericht erstatteten. Die 1841 und, nach einer weiteren Reise, 1843 veröffentlichten Berichte «Incidents of Travel in Central America, Chiapas and Yucatán» und «Incidents of Travel in Yucatán» wurden zu Bestsellern, lösten die Mayaforschung aus und gelten noch heute als Standardwerke. Stephens erwies sich in vielen Analysen auf dem richtigen Weg. So war er überzeugt, daß die Erbauer nicht Auswanderer irgendeiner westlichen Kultur waren, und daß «ihre Geschichte auf ihren Monumenten eingemeißelt ist».

Zu Stephens' genauen Beschreibungen von Menschen, Bauwerken und Natur lieferte Catherwood die präzisen Illustrationen. Beide starben so abenteuerlich wie sie lebten: Stephens erlag in Panama der Malaria, Catherwood fand bei einem Schiffsuntergang den Tod.

Ortrun Egelkraut

Die Kukulkánpyramide in Chichén Itzá nach F. Catherwood (um 1840).

Ein Leguan sonnt sich auf einem Felsen vor dem Nonnenviereck in Uxmal, neben Chichén Itzá die bedeutendste Mayastätte im Bundesstaat Yucatán.

sowie der Jaguartempel. Verspielter präsentieren sich die (von den Spaniern wegen der üppigen Verzierungen so benannte) «Kirche» und das «Haus der Nonnen» weiter südlich. Einzigartig ist das Caracol genannte Observatorium mit schneckenförmigen Windungen unter der Kuppel.

Sagenhafte Geschichten ranken sich um den heiligen Brunnen, den «Cenote sagrado», von dessen tiefem Grund neben kostbarem Schmuck auch menschliche Skelette geborgen wurden. Ob es Jungfrauen waren, die dem Regengott geopfert wurden, ob sich Freiwillige hinabstürzten, oder ob am Rand des Brunnens, als Chichén Itzá im 12. Jahrhundert verlassen wurde, Kämpfe auf Leben und Tod stattfanden, ist nicht erwiesen.

Uxmal, eine ebenfalls imponierend restaurierte Mayastadt im Nordwesten Yucatáns, erlebte ihre glanzvolle Zeit in der späten Klassik (750–1000). Uxmal wurde, so die Bedeutung des Mayawortes, «dreimal erbaut» und war bereits in präklassischer Zeit bewohnt. Die Stadt ist herausragendes Beispiel für den Puuc-Stil, auch «Mayabarock» genannt. Reich verziert mit Tausenden von vorgefertigten Einzelteilen – steinernen Säulen, geometrischen Motiven, Schlangenskulpturen und Masken des Regengottes Chac mit der charakteristischen Rüsselnase – wirken die langgestreckten Bauten dennoch nicht überladen. 35 Meter hoch ragt die Pyramide des Wahrsagers auf ovalem Grundriß steil in den Himmel. Eine verblüffend ausgewogene Harmonie strahlen die vier auf verschiedenen Ebenen errichteten Gebäude aus, die das

sogenannte Nonnenviereck bilden, übertroffen nur noch durch den grandiosen Palast des Gouverneurs in reinem Puuc-Stil.

Der Puuc-Stil ist nach einer nahe gelegenen Hügelkette benannt, sein Einfluß erreichte aber auch andere Städte der Gegend. In *Kabáh* ist die Fassade des Codz-Poop-Palastes über und über mit Masken des Regengottes Chac geschmückt. In der Nähe, auf der gegenüberliegenden Straßenseite, erhebt sich ein Mayabogen in klassisch zurückhaltender Schönheit. In *Sayil* befindet sich ein prächtiger dreistöckiger Palast und Hunderte von Ruinen, die noch weitgehend unerforscht unter dem dichten Buschwald begraben liegen. Nur 6 Kilometer entfernt liegt *Xlapak*, das «alte Gemäuer», ein kleines Bauwerk mit gigantischen

Fortsetzung Seite 138

Eine Chac-Mool-Statue bewacht den Tempel der Krieger in Chichén Itzá. Den Eingang zum Haupttempel bildeten die zwei Steinschlangen mit den weit aufgerissenen Mäulern dahinter. Auch in den Reliefdarstellungen von Chichén Itzá (links und Mitte) und Uxmal (rechts) ist die Schlange ein häufiges Motiv.

Wenn die Schlange den Tempel verläßt

Die Architektur der Mayastädte stand in enger Verbindung mit dem vom Schöpfungsmythos bestimmten Kosmos und astronomischen Erkenntnissen. Ein besonders eindrucksvolles Phänomen ist zweimal im Jahr, zur Tag- und Nachtgleiche am 21. März und 23. September, in Chichén Itzá zu beobachten. Wenn die untergehende Sonne lange Schatten wirft, heben sich die bereits dunklen Steine von ihrer hellen Umgebung ab. Dann scheint sich auf der Nordtreppe der Pirámide de Kukulkán der Körper einer riesigen Schlange, der Verkörperung des Gottes Kukulkán/Quetzalcóatl, langsam vom Tempelhaus die Stufen hinabzuwinden, bis sie mit dem skulptierten Schlangenkopf am Fußende verschmilzt. Zu diesem einzigartigen Schauspiel pilgern alljährlich Zehntausende von Menschen.

Im Zentrum von Chichén Itzá, das seine Blütezeit von 1000 bis 1200 erlebte, erhebt sich die Pirámide de Kukulkán. Wie viele Bauten ist auch diese Pyramide ein Abbild der vorspanischen Kosmologie: Über neun Terrassen, Symbol für die neun Unterwelten, klettert man auf 365 Stufen zum Tempel hinauf, so wie die Sonne an 365 Tagen am Himmelsgewölbe emporsteigt.

Lacandonen

Die letzten Hüter des Waldes

Sie selbst nennen sich schlicht «hach winik», die echten Menschen. Erst die Holzfäller, die vor weniger als 150 Jahren auf der Suche nach Mahagoni in die Selva Lacandona eindrangen, gaben ihnen den Namen «Lacandonen». Damals waren sie die einzigen menschlichen Bewohner der Selva Lacandona, jenes riesigen tropischen Regenwaldgebiets im südöstlichsten Teil Mexikos, das von den Spaniern bald nach der Konquista nahezu vollständig entvölkert worden war. Sie sprachen «hax t'an», die echte Sprache, und rauchten «hach k'utz», den echten Tabak, den sie neben fünfzig bis achtzig anderen Nutzpflanzenarten auf ihren Feldern anbauten. Mit Pfeil und Bogen jagten sie Wildschweine, Rehe, Tapire, Pacas (kleine Nagetiere) oder wilde Fasane. Sie selbst mußten sich vor Pumas, Jaguaren und Ozeloten sowie verschiedenen giftigen Schlangen, Insekten oder Pflanzenarten in acht nehmen.

Balché-Zeremonie der Lacandonen am Najá-See. Der rituelle Konsum von Balché, einem Getränk aus vergorenem Zuckerrohrsaft oder Honig, ist eine der alten Traditionen des Stammes.

Die Schweizer Fotografin Gertrude Duby Blom (1901–1993) machte ihr Haus Na Bolóm in San Cristóbal de las Casas zu einem Museum für Kunst und Kultur der Lacandonen und half den Indianern, wann immer sie konnte.

Sie lebten in «caribales», weit verstreuten (daher weitgehend autonomen) Großfamiliensiedlungen und waren geschickte Landwirte, Jäger, Fischer und auch Sammler. Und sie waren eine der wenigen Gruppen, die vor fünfhundert Jahren von den Spaniern nicht erobert wurden.

In den letzten Jahrzehnten wurden weite Teile der Selva Lacandona zerstört, und viele Lacandonen wurden von protestantischen Sekten missioniert. Nur in Najá, der nördlichsten, höchstgelegenen (900 m) von insgesamt drei Lacandonensiedlungen, ist ein Teil ihrer Idylle noch erhalten geblieben. Zwar führt seit Jahren eine Straße durch das Dorf, das allein als solches eine Neuheit im Vergleich zu den traditionell isolierten «caribales» darstellt, aber wenn der erste Mais geerntet wird, reichen die meisten männlichen Bewohner von Najá immer noch das Balché-Gefäß mit dem heiligen Zeremoniengetränk an die Frauen in der neben dem Tempel gelegenen Zeremonienküche weiter, wo die Opferspeisen für die Gottheiten zubereitet werden. Die tongebrannten Göttersymbole begnügen sich mit einer Kostprobe, und es wäre zweifellos sündhaft, etwas stehenzulassen, was von den Göttern selbst vorgekostet wurde.

In den letzten Jahren werden die Lacandonen dabei häufig von Anthropologen, Filmemachern und Touristen begleitet, die die lebendigen alten Rituale mit ihren Videokameras noch rasch festhalten, ehe die westliche Kultur sie verschlingt. Danach wird sich wohl niemand mehr um die «Last Lords of Palenque» kümmern, wie sie in einem Buch genannt wurden. Gertrude Duby Blom, die große Schweizer Fotografin und geliebte Freundin aller Lacandonen seit den vierziger Jahren, starb am 23. Dezember 1993. Drei Jahre später, auf den Tag genau, folgte ihr der mehr als 110 Jahre alte Chan K'in, der letzte geistige Führer der Lacandonen, dem die schwierige Aufgabe zufiel, die junge Generation auf den bevorstehenden Zyklus vorzubereiten, «der anders sein wird als der gegenwärtige, an dem wir jedoch nicht mehr teilhaben werden». Im Frühjahr 1997 verstarb auch der Linguist Robert D. Bruce, der größte Lacandonenkenner überhaupt, dem der alte Chan K'in schon Anfang der fünfziger Jahre seine Kenntnisse und Weisheiten anvertraute, damit sie seiner Nachwelt wenigstens schriftlich erhalten bleiben würden. So sagte er: «Unser Herr schuf den Himmel, und er schuf den Wald. Am Himmel säte er die Sterne, im Wald säte er die Bäume. Sie haben nur eine Wurzel, der Himmel und die Bäume. Immer wenn ein Baum fällt, fällt ein Stern vom Himmel.»

Sigrid Diechtl

Lacandonen beim Herstellen von traditionellen Pfeilen und am Najá-See, der ihnen heilig ist.

Chac-Masken am Dachfries. Die inmitten dichter Tropenvegetation gelegene Ruinenstätte *Labná* läßt an die Zeit der Entdecker denken. Während die Archäologen vor allem am Palast immer neue Überbauungen und Verzierungen freilegen, erscheint die Atmosphäre des Ortes unverändert magisch wie auf den über 150 Jahre alten Bildern von Frederick Catherwood. Mit dem «Bogen von Labná» gelang ihm ein Meisterwerk. Der Mayabogen begrenzt am Ende einer breiten Sacbé, einer aus weißen Steinen aufgeschichteten Zeremonialstraße, einen idyllischen Patio.

Chenes und Río Bec heißen weitere regionale Architektur-Stile, die im Zentrum und im Süden der Halbinsel Yucatán anzutreffen sind. Riesige Masken des Erdungeheuers umrahmen wie ein aufgesperrter Rachen die Eingänge an Chenes-Bauten, die symbolisch zur Unterwelt führen, so in *Chicanná*. Mit Río Bec werden die massiven, nicht begehbaren Scheintürme bezeichnet, die Orten wie *Xpujil* und *Bécan* eine imposante Erscheinung verleihen. Alle drei Stile haben die Baumeister von Edzná beeinflußt, die mit dem Gebäude der fünf Stockwerke einen eigenwilligen Palast schufen. *Edzná*, nahe Campeche, war wie *Dzibilchaltún* im Norden Yucatáns, eine der ältesten und am längsten bewohnten Städte. Die letzte große Mayastadt, die im 12. Jahrhundert für rund 250 Jahre die Führungsrolle im Norden Yucatáns übernommen hatte, war *Mayapán*, architektonisch jedoch nur noch eine simple Kopie von Chichén Itzá.

Als die Spanier kamen, waren die großen Zentren längst aufgegeben. Dennoch machten es die verstreut lebenden Maya den Eindringlingen nicht leicht. Rund 25 Jahre dauerte es, bis die Halbinsel erobert war. Francisco de Montejo der Jüngere vollendete schließlich das Werk, das sein Vater 1517 begonnen hatte. Er gründete 1540 Campeche am Golf von Mexiko und zwei Jahre später Mérida. Beide Städte lieferten sich immer wieder Kämpfe um die Vormachtstellung. *Campeche* wurde rasch zum reichen Ausfuhrhafen und so lange von Piraten geplündert, bis eine Festungsmauer und acht Bastionen die Stadt schützten. Die meisten sind noch erhalten. Sie dienen heute als Museum oder botanischer Garten. Sehenswert sind die kostbaren Jademasken, die in Gräbern von Calakmul gefunden wurden und als Ausstellung des Archäologischen Museums im Fuerte San Miguel hoch

Der Palast von Kabáh (linke Seite oben) ist mit vielen Figuren des Regengottes Chac geschmückt, der dreistöckige Palast von Sayil (linke Seite unten) gehört zu den mächtigsten Bauwerken der Maya. Mit seinen stimmungsvollen Plätzen und Hotels ist Mérida (Mitte) ein guter Ausgangsort für Besuche dieser Stätten. Etwas abseits der Touristenströme liegt die alte Hafenstadt Campeche (rechts).

Mayafrau in traditioneller Tracht auf dem Markt von Mérida, der zu den schönsten des Landes zählt.

über Campeche präsentiert werden. Die liebevoll restaurierte Altstadt bewahrt kolonialen Charme und spanische Atmosphäre.

In *Mérida*, der mit fast einer Million Einwohnern größten Stadt auf der Halbinsel, erinnern an die Kolonialzeit die Kathedrale und die Casa de Montejo, das Wohnhaus des Eroberers, an der Plaza Mayor. Später orientierte sich Mérida mehr nach Frankreich und Italien. Die Bindungen an Europa waren enger als an das weit entfernte Mexiko. Erst 1950 wurde Mérida an das mexikanische Eisenbahnnetz angeschlossen, eine Straßenverbindung nach Villahermosa im Bundesstaat Tabasco gibt es erst seit den siebziger Jahren. So ist es nicht weiter überraschend, daß sich in dieser Abgeschiedenheit ein besonderes Lebensgefühl entwickelte. «Wir sind keine Mexikaner, sondern Yucatecos» unterscheiden sich Maya wie Mestizen stolz vom übrigen Mexiko.

Xcaret (oben), Playa del Carmen (rechts) und Cancún (unten und rechte Seite) – Mexikos Karibikküste bietet ideale Bade- und Wassersportbedingungen.

Mit Paris wurde Mérida verglichen, als die Agavenfasern Sisal oder Henequén, das «grüne Gold», die Landbesitzer reich machte. Am Paseo de Montejo entstanden um die Jahrhundertwende prachtvolle Villen im Stil der Zeit. Die Masse der Maya schuftete unterdessen auf den Henequén-Feldern und auf den Haciendas bei der Verarbeitung der stacheligen Blätter zu haltbaren Kordeln und Seilen. Durch die Erfindung der Kunstfaser war der Henequén-Boom um 1950 vorbei. Die Haciendas wurden verlassen und verfielen – bis sie wieder zu neuem Leben erweckt wurden: als Museum, Restaurant oder als Luxushotel.

Weit entfernt von jeglicher Verschwendung verbreiten die traditionellen Mayadörfer einen ganz eigenen Charme. Trutzige Kirchen dominieren weite Plätze, die Treffpunkt und Sportplatz zugleich sind. Rundum ducken sich Hütten, deren Baustil sich in 2000 Jahren kaum verändert hat: Ein Weidengeflecht wird auf ovalem Podest aufgerichtet und von einem Palmdach gedeckt. Für Küchenarbeiten gibt es eine zweite Hütte im Garten, in dem fast alles angebaut wird, was man zum Leben braucht. Bunte Märkte gibt es deshalb nur in den großen Städten, als der schönste und lebhafteste gilt der Markt in Mérida.

Etwa drei Millionen Menschen leben auf der Halbinsel Yucatán, die sich die drei Bundesstaaten Campeche, Yucatán und Quintana Roo teilen. Die dritte Hauptstadt (neben Campeche und Mérida) heißt Chetumal und liegt im äußersten Südosten an der riesigen Bucht von Chetumal, nahe der Grenze zu Belize und nahe der verträumten Laguna de Bacalar. Bedeutende Mayastädte der Umgebung sind Kohunlich und Dzibanché.

Eine Wanderung durch den Dschungel

Mit der Machete schlägt Federico ein paarmal kräftig in die Rinde des Chico-Zapote-Baumes, und schon fließt das milchige Harz, aus dem «chicle», Kaugummi, gewonnen wird. Unterdessen hat Francisco Spuren auf dem Waldboden entdeckt. Kurz vor uns muß ein Tapir den Weg gekreuzt haben. Federico und Francisco Quinto sind mit dem Regenwald bestens vertraut und verraten gern interessierten Touristen ihre Kenntnisse. Sie gehören zum Ejido Tres Garantías im Süden von Quintana Roo, das neue Einkommensmöglichkeiten für die Dorfgemeinschaft erschließen will – «Ökotourismus» ist eine davon. Die Anfahrt im Jeep über Holzfällerpisten ist abenteuerlich, die Hütten im Wald zwischen Mayaruinen erweisen sich als komfortabel, die einfachen Gerichte als höchst schmackhaft. Die Erfahrungen einer Dschungelwanderung am frühen Morgen, wenn die Tierwelt erwacht, sind einzigartig: das Konzert der Vögel, das Summen der Insekten, das Rascheln im Unterholz und die stumme Begeisterung, wenn man plötzlich einem Nasenbär, einem wilden Truthahn oder einem Weißwedelhirsch gegenübersteht.

Hier hat man die Qual der Wahl: Eine exklusive «Cabaña» bei Playa del Carmen (oben) mieten, Traumstrand inklusive, oder von dort oder Puerto Morelos (unten) mit der Fähre auf die paradiesische Insel Cozumel fahren? Auch Progreso (rechte Seite) lohnt einen Abstecher: In dem gepflegten Badeort verbringen die reichen Einwohner von Mérida gern den heißen Sommer.

Tempel, Strände, Naturparadiese: Die mexikanische Karibik

Wie ein Schiffsbug ragt die Halbinsel Yucatán, gesäumt von endlos weißen Stränden, in das traumhaft blaue karibische Meer hinein. 2,5 Millionen Besucher landen alljährlich auf dem internationalen Flughafen von *Cancún* – die meisten lassen sich in einer der luxuriösen Hotelanlagen verwöhnen. Auf der einsamen Sandbank zwischen Lagune und Meer wuchs in den siebziger Jahren ein perfekt geplanter Badeort, in dem jeder, der nicht nach Ruhe sucht, einfach alles findet für einen abwechslungsreichen Urlaub.

Bereits Anfang der sechziger Jahre begann der Tourismus auf der *Isla Cozumel*, als Jacques-Yves Cousteau mit seinen sagen-

gehegen, botanischem Garten, Delphinshow und einem unterirdischen Fluß, den man durchschwimmen kann. *Xel-Ha* ist eine verzweigte Lagune mit Süß- und Salzwasser und einem enormen Fischreichtum, ein Paradies für Schnorchler und Taucher. Zwischen all den weißsandigen Stränden, palmengesäumten Buchten, Ansiedlungen und immer mehr Hotelanlagen gibt es zahllose Mayaruinen, die bislang kaum beachtet werden. Das gilt – leider – auch für die Mayastadt *Cobá*, nur 40 Kilometer von der Karibikküste entfernt. Bisher sind nur wenige Bauten ausgegraben, darunter Nochoch Mul, mit 42 Metern eine der größten Pyramiden Yucatáns. Einen Besucheransturm erlebt dagegen täglich

die archäologische Zone von *Tulum*. Windschiefe kleine Tempel und Paläste thronen auf Klippen hoch über dem Meer und bieten einen phantastischen Ausblick auf die türkisfarbene Karibik, die weißen Strände, den blauen Himmel, die grüne Vegetation.

Dichter Buschwald bedeckt weite Teile der Halbinsel, die auf den ersten Blick gleichförmig wirkt und doch voller Überraschungen steckt. Vom Trockenwald bis zum Regenwald, von der Dornbuschsteppe bis zu Mangrovensümpfen in den Küstenregionen reichen die Lebensräume für eine artenreiche Tier- und Pflanzenwelt, die in Nationalparks und Reservaten geschützt wird. Auf der *Isla Contoy* vor der Nordostspitze Yucatáns nisten ganze Scharen von Prachtfregattvögeln. In *Celestún* im äußersten Nordwesten sowie am *Río Lagartos* im Norden finden Flamingos den idealen Futterplatz. Und die ausgedehnte *Reserva Biósfera Sian Ka'an* ist Refugium für Meeresschildkröten, Krokodile, die karibische Seekuh Manatí, den seltenen Jabirú-Storch, für Tapire und Jaguare, für Fledermäuse und Hunderte bunter Schmetterlinge. Sian Ka'an, «wo der Himmel geboren wird», nannten die Maya dieses Stück Paradies im äußersten Osten Mexikos.

haften Dokumentarfilmen über die faszinierende Unterwasserwelt neugierige Taucher anlockte. Die Riffs vor Cozumel sind Teil des 1200 Kilometer langen Großen Maya-Riffs, ein System aus Korallenbänken und Steilabfällen, Atollen und Inseln, das sich bis Honduras erstreckt. Cozumel, dessen schönste Strände sich im Südwesten ausbreiten, ist bevorzugte Anlegestelle von Kreuzfahrtschiffen. Ruhig ist die Insel dennoch geblieben, fast so wie die *Isla Mujeres*, auf der sich vor allem junge Leute wohlfühlen.

Playa del Carmen indes, gegenüber von Cozumel am Fähranleger, hat sich vom bescheidenen Fischerdorf zum schicken Badeort gewandelt. «Playa» liegt mitten im «Corredor Turístico», der sich südlich von Cancún mit vielen Attraktionen ausdehnt. *Xcaret* ist ein «öko-archäologischer Freizeitpark» mit Tier-

Beschaulich geht ein heißer Tropentag an der Laguna de Bacalar in Quintana Roo zu Ende.

Planen, Reisen, Genießen

Darstellung eines toltekischen Kriegers in Tula.

Lage, Größe, Naturraum

Mexiko ist mit 1958 201 Quadratkilometern das drittgrößte Land Lateinamerikas. Im Osten und Westen ist es vom Golf von Mexiko bzw. dem Pazifischen Ozean umgeben, seine Nordgrenze wird von den USA gebildet. Mexikos schmalste Stelle ist der Isthmus von Tehuantepec mit 220 Kilometern. Östlich davon erstreckt sich die karstige Halbinsel Yucatán, die vom Golf von Mexiko und der Karibik begrenzt wird und sich in Belize, dem mexikanischen Bundesstaat Chiapas und Guatemala fortsetzt. Im Landesinneren erheben sich zwei Gebirgszüge in Nord-Süd-Richtung (Sierra Madre Occidental, Sierra Madre Oriental) und einer in West-Ost-Richtung, die Neovulkanische Kordillere mit Mexikos höchsten Vulkanen, dem Popocatépetl und dem Pico de Orizaba.

Flora und Fauna

Aufgrund seiner geographischen Lage, seiner vielfältigen Landschaft, seiner fruchtbaren vulkanischen Böden und seiner Brückenstellung zwischen Nord- und Südamerika gehört Mexiko zu den zwölf artenreichsten Ländern der Erde. Die zahlreichen unterschiedlichen

Flamingos an der Karibikküste.

Naturräume (Wüste und Halbwüste, Gras- und Strauchsteppe, Hochgebirge und tropischer Regenwald) fördern außerdem die Entwicklung endemischer, also nur dort vorkommender Arten. In Mexiko leben mehr als 60 Prozent aller endemischen Amphibien, 50 Prozent aller endemischen Reptilien und 30 Prozent aller endemischen Säugetiere weltweit. Zahlreiche Naturschutzparks, Biosphärenreservate und andere Schutzflächen in allen Teilen Mexikos, einschließlich der Hauptstadt selbst, sollen ihren Lebensraum und damit auch ihr Überleben langfristig sicherstellen.

Bevölkerung

Mexikos Gesamtbevölkerung beläuft sich auf etwa neunzig Millionen Menschen, von denen 40 Prozent das 15. Lebensjahr noch nicht erreicht haben. Zwei Drittel aller Mexikaner leben in den Städten. Die meisten Mexikaner sind Mestizen (70 Prozent), 15 Prozent sind Indianer (Náhua, Otomí, Totonaken, Tarasken, Masahua im zentralen Hochland, verschiedene Mayavölker auf der Halbinsel Yucatán, Zapoteken und Mixteken in Oaxaca, Huicholes, Yaqui und Tarahumara im Norden), der Rest setzt sich hauptsächlich aus Europäern und Asiaten zusammen.

Sprache

Die Landessprache ist Spanisch; außerdem werden in Mexiko mehr als fünfzig verschiedene Indianersprachen und -dialekte gesprochen. In größeren Orten und Ferienzentren versteht man Englisch, in kleineren Orten oder in abgelegenen Gegenden hilft die freundliche Geduld der Mexikaner meist über Sprachbarrieren hinweg. Ein minimaler spanischer Sprachschatz des Besuchers zaubert übrigens oft ein strahlendes Lächeln auf die Gesichter.

Tropische Vegetation in Chiapas.

Klima in Mexiko-Stadt

Monatliche Durchschnittswerte im Überblick

	Jan.	Feb.	März	April	Mai	Juni	Juli	Aug.	Sept.	Okt.	Nov.	Dez.
Tageshöchsttemperaturen in °C	21	23	26	27	27	25	23	24	23	22	22	21
Niederschläge in mm	10	4	9	27	52	126	156	153	136	54	15	6
Sonnenschein in Std./Tag	7,3	8,0	8,6	7,9	7,1	5,6	5,2	5,9	5,2	6,6	7,9	7,4

Archaische Landschaft bei Cabo San Lucas.

Reisezeit und Klima

Die Monate von Oktober bis April werden wegen der selten auftretenden Regenfälle zumeist als beste Reisezeit empfohlen. Im Norden kann es in den Bergen der Sierra Madre im Winter empfindlich kalt werden, und im Golfgebiet ist zwischen Oktober und Februar mit heftigen Regenfällen zu rechnen. In den feuchttropischen Regenwaldgebieten muß man sich mit Ausnahme der Monate März bis Mai auf kurze Platzregen einstellen. Während der Oster- und Weihnachtsferien sind Hauptreiseziele wie Acapulco oder Cancún meist überlaufen.

Zeit

In Mexiko gibt es drei Zeitzonen: In Baja California Norte gilt die «Hora Oficial del Pacífico» (MEZ – 9 Std.), im nordwestlichen Mexiko (Nayarit, Sinaloa, Sonora, Baja California Sur) die «Hora Oficial de las Montañas» (MEZ – 8 Std.) und im restlichen Land die «Hora Oficial del Centro» (MEZ – 7 Std.). Dies ist ganzjährig so, denn Mexiko führte 1996 die Sommerzeit ein, deren Beginn und Ende sich nach dem europäischen Muster richten.

Feste und Feiertage

Januar: 1.1. Neujahr*; 6.1. Heilige Drei Könige
Februar/März: 2.2. Candelaria (Lichtmeß); 5.2. Tag der Verfassung von 1917; Karneval in Veracruz, Mazatlán und Mérida; 21.3. Geburtstag von Benito Juárez*
März/April: Semana Santa (Ostern)*
Mai: 1.5. Tag der Arbeit*; 5.5. Tag der Schlacht bei Puebla
Mai/Juni: Fronleichnam
Juli: 16.7. Tag der Virgen del Carmen; Guelaguetza (Indianisches Fruchtbarkeitsfest in Oaxaca)
September: 1.9. Tag der Nation; 15.9. Grito de Dolores; 16.9. Tag der Unabhängigkeit*
Oktober: 12.10. Tag der Entdeckung Amerikas; Festival Internacional Cervantino in Guanajuato
November: 1.11. Allerheiligen*; 2.11. Allerseelen; 21.11. Tag der Revolution von 1910
Dezember: 12.12. Tag der Virgen de Guadalupe; 25.12. Weihnachten*

Tarahumara in Batopilas, Barranca del Cobre.

* An den gesetzlich festgelegten Feiertagen haben Schulen, Banken, Regierungsämter und Fabriken geschlossen, nicht aber Supermärkte, Apotheken und viele kleinere Geschäfte.

Maße und Gewichte

Es gilt das metrische System.

Anreise

Verschiedene Fluggesellschaften verkehren regelmäßig zwischen Frankfurt/M. und Mexiko-Stadt. Charterflüge gibt es nach Cancún und Acapulco. Von den größeren US-Städten kann man die meisten internationalen Flughäfen Mexikos direkt anfliegen. Von allen US-mexikanischen Grenzstädten fahren Busse nach Mexiko-Stadt; Eisenbahnverbindungen gibt es ab Nogales, Ciudad Juárez, Ojinaga, Piedras Negras und Nuevo Laredo. Wer nicht vom Norden, sondern von Südosten kommt, fährt von Belize über Chetumal (Quintana Roo) nach Mexiko, von Guatemala am besten über Tapachula an der Westküste oder Ciudad Cuauhtémoc im Hochland von Chiapas.

Pferdeverleih am Strand von Puerto Escondido.

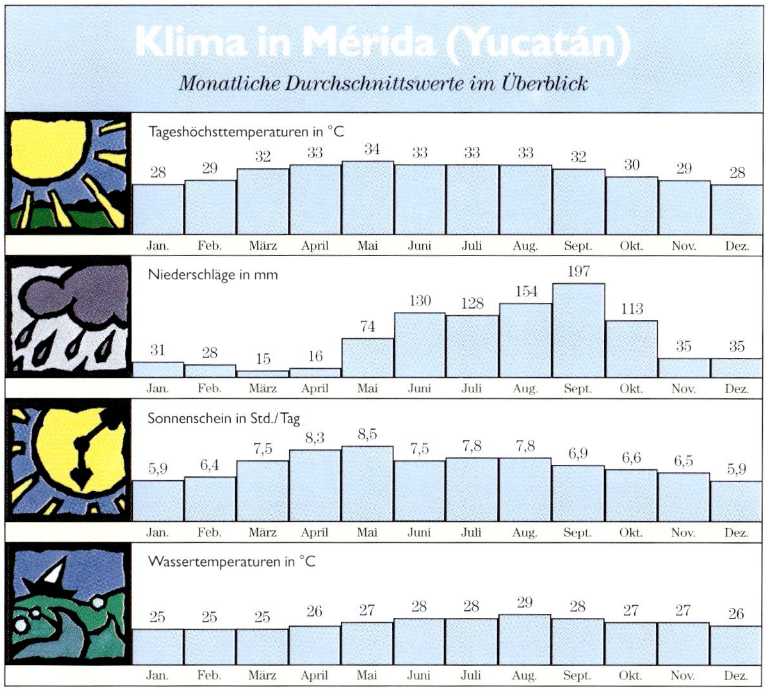

Ärztliche Versorgung

Mexikanische Ärzte sind zumeist gut ausgebildet und ihren Patienten gegenüber geduldig. Bei

Heiligenbilder schmücken viele Hausfassaden.

Sprachproblemen können Hotels oder Konsulate englisch- oder deutschsprachige Ärzte nennen. In ländlichen Gebieten können manchmal auch «Curanderos» leichtere Beschwerden mit Hilfe von Heilpflanzen lindern, während «Hueseros», die lokale Version der modernen Chiropraktiker, sich der Knochen-, Muskel- oder auch Kopfschmerzen annehmen. Im Falle ernsthafter Beschwerden stehen in Mexiko-Stadt hervorragende Krankenhäuser zur Verfügung, etwa das Médica Sur. Die Bezahlung erfolgt mit Kreditkarte oder in bar (für die Versicherungsabrechnung zu Hause ist eine Quittung mit Angabe von Diagnose und Behandlung erforderlich).

Auskunft

1. Informationsstelle in Deutschland

Informationen erteilt das Staatliche Mexikanische Verkehrsamt (zuständig für Deutschland, Österreich und die Schweiz); Wiesenhüttenplatz 26, 60329 Frankfurt/M., Tel. 069/25 34 13, Fax 069/25 37 55.

2. Botschaften und Konsulate

Mexikanische Botschaft in Deutschland, Adenauerallee 100, 53113 Bonn, Tel. 02 28/91 48 60, Fax 02 28/9 14 86 19 (Konsulate in Hamburg, Hannover, Berlin, Frankfurt/M., Stuttgart, Bremen).
Mexikanische Botschaft in Österreich, Türkenstraße 15, 1090 Wien, Tel. 01/310-7 38 30, Fax 01/310-73 87 (Konsulat in Wattens).
Mexikanische Botschaft in der Schweiz, Bernastraße 57, 3005 Bern, Tel. 031/3 57 47 47, Fax 031/3 57 47 48 (Konsulate in Genf, Lausanne, Zürich, Basel).
Deutsche Botschaft in Mexiko-Stadt, Calle Lord Byron 737, Colonia Polanco, 11560 México, D. F., Tel. 283/22 00, Fax 281/25 88 (Konsulate in Acapulco, Cancún, Puebla, Mérida, Veracruz,

Stadtbummel durch Cholula.

Chihuahua, Mazatlán, Monterrey, Tampico, Guadalajara, Tijuana).
Österreichische Botschaft in Mexiko-Stadt, Sierra Tarahumara 420, Lomas de Chapultepec, 11000 México, D. F., Tel. 251/97 92, Fax 245/01 98 (Konsulate in Acapulco, Guadalajara, Monterrey, Tijuana).
Schweizer Botschaft in Mexiko-Stadt, Calle Hamburgo 66, 06600 México, D. F., Tel. 207-48 20 (Konsulat in Acapulco).

3. Auskunftsstellen in Mexiko-Stadt

In Mexiko erteilt das Tourismusbüro Auskünfte: Secretaría de Turismo, Presidente Masaryk 172, Col. Polanco, 11580 México, D. F.,

Malerische Strände und Promenaden sowie erstklassige Hotels erwarten den Besucher in La Paz.

Tel. 915/250 85 55. Außerdem gibt es in Mexiko-Stadt eine Touristen-Hotline: Tel. 915/250/01 23 (Auskünfte, Beschwerden, Probleme).

Baden

Baden ist fast überall an Mexikos 7000 Kilometer langen Pazifik- und 3000 Kilometer langen Karibikküsten mit ihren weißen, oft von felsigen Buchten durchzogenen Sandstränden ein Vergnügen, zumal die Wassertemperaturen auch im Winter selten auf weniger als 25 Grad absinken. An der sehr viel weniger erschlossenen Golfküste ist der Wellengang niedriger, und die Wassertemperaturen liegen im Winter zumeist etwas tiefer als am Pazifik oder der Karibik.

Banken

Die Öffnungszeiten sind von Bank zu Bank und von Stadt zu Land unterschiedlich. Mit Sicherheit haben jedoch alle Banken wenigstens von Montag bis Freitag zwischen 9 und 15 Uhr geöffnet.

Hotel in Cabo San Lucas (Baja California).

Im Herzen der Metropole

Der schönste Rundgang durch Mexiko-Stadt

Die Kathedrale am Zócalo (links) und der imposante Palast der Schönen Künste (rechts) im Centro Histórico von Mexiko-Stadt.

Der Spaziergang beginnt im ältesten Park Amerikas, dem Alameda Central, dessen Pappeln («álamos») teilweise schon vor vierhundert Jahren von einem spanischen Vizekönig gepflanzt wurden. Auch heute bietet der Park zahlreiche schattige Plätzchen mit Springbrunnen und Monumenten. Auf seinen Bänken und Rasenflächen erholen sich Arbeiter, Touristen, Studenten, Hausfrauen oder Pensionisten, während Luftballonverkäufer, Schuhputzer oder Leierkastenmänner sich dort ihren Lebensunterhalt verdienen. Gleich dahinter befinden sich der prachtvolle Palast der Schönen Künste (Palacio de Bellas Artes), dessen Bau unter Porfirio Díaz im Jugendstil begonnen und dessen Innengestaltung Mitte der dreißiger Jahre im postrevolutionären Art déco fertiggestellt wurde. Gegenüber erhebt sich der Lateinamerikanische Turm, von dessen 42. Stock man den Zócalo überblicken kann. Zwischen beiden Gebäuden führt die von sehr schönen Häusern aus der Jahrhundertwende gesäumte Avenida Madero bis zum Zócalo. Ehe man sich in das Getümmel auf diesem einzigartigen Platz stürzt, kann man sich von der Terrasse im 7. Stock des ehrwürdigen «Hotel Majestic» einen ersten Überblick verschaffen. Jeden Mittwoch und Sonntag gibt das Folkloreballett Vorstellungen im Theatersaal des Palacio de Bellas Artes. Nach der Besichtigung des Palacio Nacional und Templo Mayor kann man Mexiko-Stadt bei Nacht vom Restaurant «Muralto» im 37. Stockwerk des Lateinamerikanischen Turms bestaunen oder live erleben, indem man sich auf die nahe gelegene Plaza Garibaldi begibt, dem fröhlich-lebhaften Treffpunkt der Mariachi-Musiker. In den anliegenden Restaurants kann man gut essen oder statt dessen auch eine typisch mexikanische Kneipe kennenlernen, die an der Plaza Garibaldi gelegene «Cantina La Valenciana». Fast alle größeren Hotels im Zentrum der Hauptstadt bieten die verschiedenartigsten Abendvorstellungen und Tanzveranstaltungen an, die auch von Nicht-Hotelgästen besucht werden können.

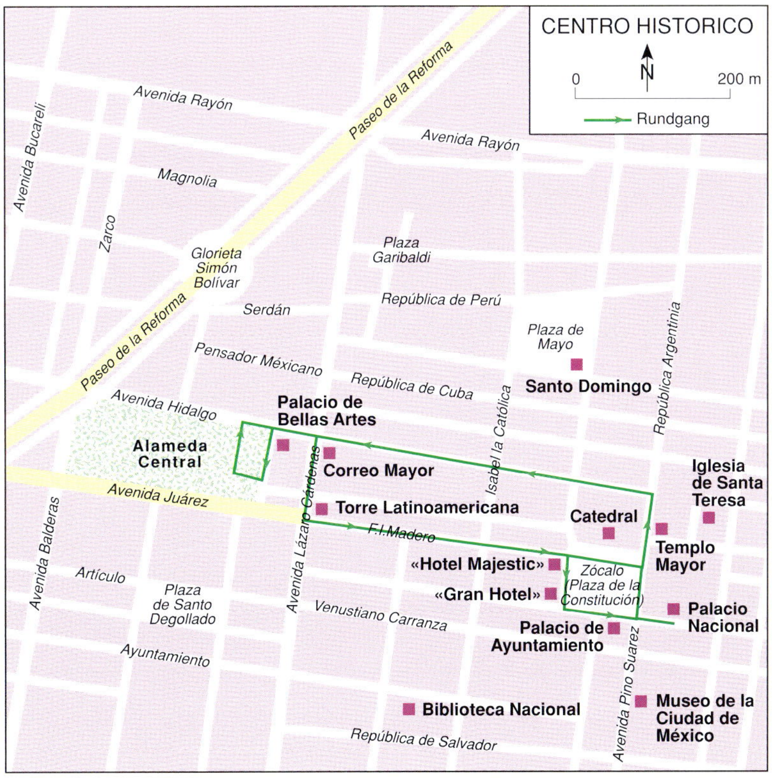

Sigrid Diechtl

Einkaufen

Für Geschäfte gibt es keine allgemein gültigen Regelungen. Viele Läden und Supermärkte sind bis spät abends geöffnet, in größeren Städten auch an Wochenenden und Feiertagen. Am Land wird zwischen 13 und 17 Uhr zumeist eine etwa zweistündige Siesta gehalten. Märkte besucht man am besten am Vormittag, wenn die Auswahl noch reichlich ist.

Ein- und Ausreise

Neben einem noch mindestens sechs Monate gültigen Reisepaß benötigt man eine Touristenkarte (bei Fluglinien oder mexikanischen

Kleiner Laden in Batopilas.

Konsulaten erhältlich; auch für Kinder einzeln auszufüllen), die bei der Einreise abgestempelt und bei der Ausreise wieder abgegeben werden muß. Im Verlustfall kann man sich an das Tourismusbüro in Mexiko-Stadt wenden.

Elektrizität

Die Stromspannung beträgt in Mexiko 110 Volt. Adapter für die landesüblichen Flachstecker sind in der «tlapalería» erhältlich.

Fortbewegung im Land

Auto: Mietwägen kann man in allen größeren Städten und an Flughäfen leihen, das Mindestalter beträgt 25 Jahre. Ein internationaler Führerschein ist empfehlenswert,

Auf den Märkten ist Handeln erlaubt!

aber nicht erforderlich. Faustregel: Man sollte die Verkehrsregeln einhalten, ohne dies bei den anderen Fahrern vorauszusetzen.

Bus: Viele Busgesellschaften unterhalten Erste-Klasse-Busse, die bequemer, schneller und kaum teurer sind als Busse der zweiten Klasse. In Mexiko-Stadt stehen vier riesige Busbahnhöfe für Fahrten in alle Richtungen zur Verfügung.

Eisenbahn: Im allgemeinen sehr preiswert, jedoch oft langsam, unpünktlich und wenig komfortabel.

Flugzeug: Aeroméxico und Mexicana sowie viele regionale Fluggesellschaften unterhalten ein Inlandsflugnetz mit über fünfzig Flughäfen. Die Preise sind generell niedrig, die Standards hoch.

Fotografieren

Fotofreunde finden im fröhlichen, abwechslungsreichen und farbenprächtigen Mexiko unzählige reizvolle Motive. Bei Fotos von Personen oder in Kirchen empfiehlt sich jene Diskretion, die man für sich selbst beanspruchen würde – man bittet um Erlaubnis und bereitet sich darauf vor, daß diese eventuell ihren Preis hat. Fotografierverbote in indianischen Gemeinden sind unbedingt zu respektieren!

Mexikaner sind begabte Handwerker. Schöne, alte Stücke findet man in dem Antiquitätenladen in Puebla. Vergänglicher sind die Spielzeugskelette, die man an Allerheiligen verkauft.

Gesundheitsvorsorge

Für die Einreise nach Mexiko benötigt man keine besonderen Schutzimpfungen. Eine Malaria-Prophylaxe sollten sich jene überlegen, die in tropische Regenwaldregionen reisen. Im allgemeinen sind jedoch Sonnenbrände und Magenverstimmungen, die ihre Ursachen im Klima-Umschwung, in Kreislaufbelastungen oder ungewohnten Speisen («Moctezumas Rache») haben können, die häufigsten Touristenbeschwerden. Beide können weitgehend verhindert werden: In Mexiko brennt die Sonne wesentlich stärker als an der Nordsee oder am Mittelmeer, daher sind auch für «unempfindliche» Sonnenanbeter kurze Expositionszeiten und Sonnenöle mit Schutzfiltern empfehlenswert. «Moctezumas Rache» dagegen ereilt vor allem jene Besucher, die sich vor ihr fürchten. Bewußte

Vorsichtsmaßnahmen (kein Leitungswasser, ungeschältes Obst oder Eiswürfel!) sind angebracht. Sollte «es» trotzdem passieren, so reichen eine Imodium- oder Lomotil-Tablette (in allen Apotheken, «farmacias», rezeptfrei erhältlich)

sowie eine eintägige flüssige Diät meist aus, um alle Unannehmlichkeiten rasch wieder loszuwerden.

Mit Kindern unterwegs

Mexiko ist ein überaus kinderfreundliches Land, das ein Reisen mit Kindern angenehm macht. Kinder unter zwölf Jahren bezahlen zwar den vollen Preis im öffentlichen Transport, kosten bei Hotelzimmern jedoch keinen Zuschlag und essen beim Frühstücksbuffet zumeist gratis mit. Auch kleinere Hotels verfügen oft über Spielplätze mit Kinderschaukeln und -rutschen sowie Plantschbecken. Insbesondere die größeren Städte, allen voran die Hauptstadt selbst, bieten eine reichhaltige Auswahl von Kindervergnügungen, die meisten davon können den Wochenendzeitungen entnommen werden. Auch hier gilt die Faustregel: Montag ist Ruhetag. «Reino Aventura», Lateinamerikas größtes Kinderparadies, ist nur einer von vielen Vergnügungsparks in der Hauptstadt. Nicht weniger

groß ist das Angebot an kindergerechten Museen, besonders schön ist das Museo del Niño in Mexiko-Stadt. Kinder werden in Mexiko nur selten als Störenfried betrachtet und sind daher auch bei den meisten Abendveranstaltungen willkommene Gäste. Kinder unter drei Jahren zahlen keinen Eintritt, für Kinder unter 18 Jahren gibt es fast überall Preisermäßigungen.

Museen

Niemand kennt die riesige Zahl von Mexikos großen und kleinen Museen, die von staatlichen oder

Mexikos endlose Strände sind ein Eldorado für alle Bade- und Wassersportfreunde. Tauchern garantieren Xcaret (links) und vor allem die Isla Cozumel (oben) unvergeßliche Erlebnisse.

privaten Institutionen unterhalten werden. Fast alle sind architektonisch und/oder von der Innengestaltung her außergewöhnlich und vermitteln zumeist einen übersichtlichen, lebendigen Eindruck von uralten Begebenheiten. Ein kleines Wörterbuch ist empfehlenswert, da die Beschreibungen zumeist nur auf spanisch sind. Montag ist Ruhetag für fast alle Museen, die normalerweise zwischen 9 und 17 Uhr geöffnet sind (archäologische Stätten von 9 bis 18 Uhr). An Sonn- und Feiertagen verlangen viele Museen in Mexiko keinen Eintritt, sind dann aber oft auch sehr überlaufen.

Post

Das Postamt ist in Mexiko nur für den Versand von Briefen oder kleinen Paketen zuständig, nicht aber für Telefon und Fax – diese Dienstleistungen bietet das Telefonamt an sowie fast alle Hotels ab drei Sterne und manche Läden, die im ländlichen Bereich meist im Zentrum zu erfragen sind. Postsendungen zwischen Mexiko und Europa sind zwischen sechs Tage und drei bis vier Wochen unterwegs. Briefmarken erhält man auf Post-

Segelschiff vor der Karibikküste.

ämtern («correos»), in vielen Papierhandlungen («papelerías») und an den meisten Hotelrezeptionen. Postämter sind von Montag bis Freitag von 8 bis 16 Uhr geöffnet, am Samstag nur bis 12 Uhr.

Mexiko entdecken

Die interessantesten Routen

Xuihtecuhtli, der aztekische Gott des Feuers.

Generell sind die hier genannten Routenstraßen gut. Auf Autobahnen werden Mautgebühren erhoben (dafür gibt es einen Gratis-Pannendienst). Auch Busreisen sind empfehlenswert (Kontakt zu Einheimischen); Zugfahrten (sofern möglich) dauern im allgemeinen wesentlich länger als Busfahrten. Die Entfernungen sind ab Abreiseort in Kilometern aufgerundet angegeben.

Route 1: Baja California und die Barranca del Cobre
Die Reise beginnt in Tijuana, setzt sich bis an den südlichsten Punkt von Baja California fort und führt über eine alternative Route nach La Paz zurück. Wüsten, Felsen, Schluchten, einsame Meeresstrände und belebte Badeorte sorgen für Abwechslung. Zu den Highlights dieser Reise gehören Walbeobachtung in Guerrero Negro (860 km), Höhlenmalereien und Petroglyphen in Mulegé (920 km), Shopping in La Paz (1380 km), «El Arco», der natürliche Felsbogen bei Cabo San Lucas (1550 km), sowie ein Haifischfriedhof bei San José del Cabo (1580 km). Von La Paz (1790 km) kommt man mit einer Fähre nach Topolobambo/Los Mochis und kann dort in den Zug Chihuahua al Pacífico umsteigen, um die Barranca del Cobre kennenzulernen.

Route 2: Kolonialstädte und Pazifikstrände
Die Rundreise beginnt in Mexiko-Stadt und führt durch das zentrale Hochland, die Bilderbuchlandschaften von Michoacán, vorbei am Ufer des Chapala-Sees bis an die Pazifikküste und, nach einer fast 1000 Kilometer langen Fahrt entlang der Küste, zurück in die Bundeshauptstadt. Zu den zahlreichen Attraktionen dieser abwechslungsreichen Reise gehören die Kolonialstädte Querétaro (100 km), San Miguel de Allende (160 km), Dolores Hidalgo (210 km), Guanajuato (270 km), Morelia (420 km) und Pátzcuaro (480 km). Nach einer fast 120 Kilometer langen Fahrt entlang des Chapala-Sees (860 km) gelangt man nach Guadalajara (900 km) und schließlich zu den «Perlen des Pazifiks» Puerto Vallarta (1190 km), Manzanillo (1460 km), Ixtapa-Zihuatanejo (1890 km) und natürlich Acapulco (2140 km). Die alte Silberstadt Taxco (2360 km) und Cuernavaca im «Land des ewigen Frühlings» beschließen die vielfältige Rundfahrt.

Route 3: Berge und alte Kulturen – von Mexiko-Stadt Richtung Golfregion
Diese Reise führt von Mexiko-Stadt über die Kolonialstadt Puebla (120 km) bis an die Golfküste. Nach scheinbar endlosen Ebenen mit Maisfeldern erhebt sich unerwartet der Pico de Orizaba (220 km). Wenig später beginnt die etwa 30 Kilometer lange Paßstraße Cumbres de Maltrata mit herrlichen Aussichtspunkten. Binnen einiger Minuten taucht man förmlich von den kühlen Nadelwäldern in die Tropen ein. Von der alten,

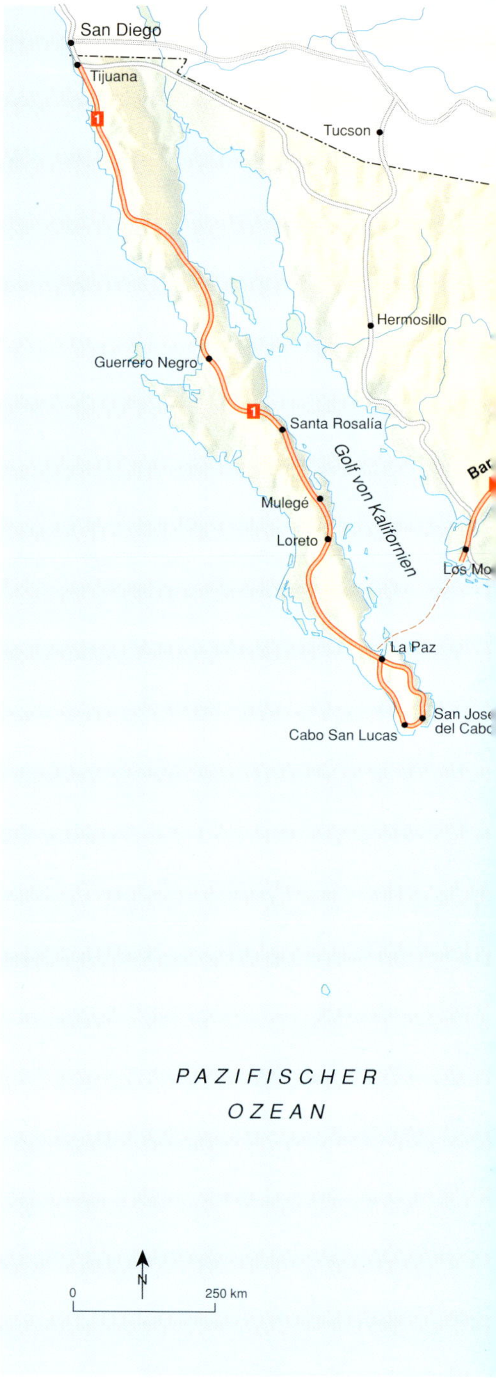

aber modernen Hafenstadt Veracruz (410 km) führt die Fahrt entlang der Golfküste, vorbei an Dünenlandschaften am Flußdelta des Papaloapan (470 km), bis zu den sanften Hügeln der tropischen Olmekenregion Los Tuxtlas. Von dem am gleichnamigen See gelegenen Fischerdörfchen Catemaco (570 km) und den nahen Meeresstränden geht

es zurück bis Santiago Tuxtla (600 km) und über die Hochebene von Tehuacán (920 km) wieder in die Hauptstadt (1160 km).

Route 4: Oaxaca, Chiapas und die Pazifikregion

Die Fahrt beginnt in Oaxaca-Stadt nach einem Besuch von dessen Kirchen, Museen und Märkten sowie einzigartigen vorspanischen Stätten Monte Albán und Mitla. Nach Überqueren der Sierra Madre del Sur geht die Fahrt über den romantischen Badeort Puerto Angel (150 km) und die modernst erschlossenen Buchten von Huatulco (200 km) über den Isthmus von Tehuantepec (350 km) nach Tuxtla Gutiérrez (630 km), der Bundeshauptstadt von Chiapas, dessen Zoo und nahe gelegene Schlucht Cañón del Sumidero einen Besuch wert sind. Über San Cristóbal de las Casas (710 km) führt die Route durch waldige Gebiete, vorbei an den prachtvollen Wasserfällen von Agua Azul (850 km) bis zu den mitten im Dschungel gelegenen Ruinen von Palenque (890 km). Die Rückfahrt geht über Villahermosa (1060 km) mit dem Olmekenfreilichtmuseum Parque La Venta und Minatitlán (1200 km) am östlichen Ende des Isthmus. Bei Cosamaloapan (1360 km) wird die Autobahn verlassen; die Bundesstraße 175 führt über Tuxtepec (1410 km) weiter bis Oaxaca-Stadt (1590 km).

Route 5: Im Land der Maya

Route 5 ist eine atemberaubende Rundreise durch das Land der Maya in Yucatán. Die Route führt von Villahermosa zur Ciudad del Carmen, der Stadt im Meer (170 km), und entlang der nordöstlichen Golfküste bis zur alten Fischerstadt Campeche (380 km). Von dort geht es weiter nach Mérida (610 km), der «weißen Stadt» im Landesinneren. Auf der Straße von dort an die Karibikküste gelangt man zur alten Zeremonialstätte Chichén Itzá (720 km); 220 Kilometer östlich davon erreicht man Cancún (940 km). Die Karibikküste bietet alle Arten von Wassersport sowie zahlreiche größere und kleinere Ökoparks, vom Biosphärenreservat Sian Ka'an bis zum kleinbäuerlichen Tres Garantías, die alle einen Besuch lohnen und «sanften Tourismus» offerieren. Von Cancún führt die Route über die herrliche Mayafestung von Tulum (1070 km) und die Lagune von Bacalar (1270 km) nach Chetumal (1320 km), der Grenzstadt zu Belize, und über Escárcega (1600 km) zurück nach Villahermosa (1900 km).

Sigrid Diechtl

Souvenirs

In Mexiko ist die Auswahl immens – von Ansichtskarten aus Amate (Baumrindenpapier) über Decken, Blusen, Schachspielen aus Onyx, Kupfertellern, Bildern aus Wollfäden oder als Holzeinlegearbeit, Reproduktionen von Gemälden (Rivera, Orozco, Kahlo) bis zu edlen Silberarbeiten. Zum Glück gibt es wenige Dörfer oder Städte in Mexiko, die mit ihren Märkten und Geschäften nicht eine unerschöpfliche Fundgrube für alle möglichen Souvenirs bilden würden – hier findet man für jeden das Richtige! Kunsthandwerk aus allen Landesteilen bekommt man in den verschiedenen Geschäften und Märkten der mexikanischen Hauptstadt – dem staatlichen Fonart-Laden, dem Mercado de San Juan im Altstadtbereich («El Centro») oder dem Mercado de Londres in der Zona Rosa. Erlesene Souvenirs zu erschwinglichen Preisen werden oft in den an Museen anschließenden Läden angeboten.

Sport

An Mexikos Pazifik- und Karibikküsten werden alle Arten von Wassersport angeboten und immer durch aufregende Erlebnisse auf festem Boden ergänzt. Viele größere Hotels, vor allem in den modernen Tourismuszentren, verfügen über Fitneßräume, eigene Golf- und Tennisplätze sowie Informationsstellen für lokale Aktivitäten wie Tauchen, Surfen, Hochseeangeln, Segeln, Tiefseefischen oder Bootfahren. Dagegen hat sich in den weniger erschlossenen Gegenden Mexikos in den letzten Jahren eine immer stärkere Tendenz zu «sanften» Tourismusformen entwickelt. In der Barranca del Cobre kann man nicht Golf spielen, aber man kann Höhlen erforschen, riesige Felsen erklimmen oder im Schlauchboot den Río Urique entlangfahren. Ebenso werden Fahrradtouren oder geführte Exkursionen zu Fuß angeboten. In Quintana Roo kann man dagegen im Rahmen von «Ecoturismo» auf langen Wanderungen lernen, wie man im Dschungel Spuren liest oder Bäume bestimmt und Heilpflanzen findet.

Hier kann man die Seele baumeln lassen – der von tropischer Vegetation umgebene Swimmingpool des «Chan Kah Resort» nahe der alten Mayastätte Palenque.

Alte Mayagötter und moderner Komfort: Dekoration im «Rancho Encantado» bei Bacalar.

Telefon

Öffentliche Telefonzellen sind im städtischen Bereich häufig, im ländlichen dagegen eher selten anzutreffen. Dafür gibt es in allen kleinen Städten öffentliche Telefone in Hotels und Geschäften. Es ist ratsam, immer eine Telefonkarte («Tarjeta Ladatel») bei sich zu haben. Für Ferngespräche wählt man innerhalb Mexikos 81, dann die Ortsvorwahl und die Teilnehmernummer. Bei Auslandsgesprächen nach Europa wählt man zuerst die 98 und dann (vor der Ortswahl ohne Null und der Teilnehmernummer) die 49 für Deutschland, die 43 für Österreich oder die 41 für die Schweiz.

Trinkgelder

Trinkgelder spielen in Mexiko eine wichtige Rolle, weil Kellner, Stubenmädchen, Tankwarte oder Gepäckträger darüber hinaus oft praktisch umsonst arbeiten. In Restaurants sind je nach Konsum zwischen 10 und 20 Prozent der Rechnungssumme angebracht (sollte das Trinkgeld inbegriffen sein, so ist es als «servicio» oder «propina» gesondert ausgewiesen). Ansonsten richtet sich der Trinkgeldbetrag nach der erbrachten Leistung und den eigenen Kriterien. Von der berüchtigten «mordida» («Biß», also Schmiergeld) muß grundsätzlich abgeraten werden: Erstens ist sie ungesetzlich, zweitens ist entgegen der landläufigen Meinung nicht jeder mexikanische Polizist oder Zollbeamte bestechlich.

Unterkunft

Die bekanntesten Tourismuszentren (Acapulco, Cabo San Lucas, Cancún, Huatulco, Ixtapa-Zihuatanejo, Puerto Vallarta, Mazatlán), die Kolonialstädte sowie alle größeren Städte verfügen fast immer über eine reichhaltige Auswahl an Hotels und «Posadas» (Herbergen) in allen Kategorien und Preislagen. Kleinere Provinzstädte haben oft nur Hotels der mittleren Kategorie, unter denen man jedoch wahre Schmuckstücke mit dornröschenhaften Innenhöfen entdecken kann. Eine Besonderheit sind die Haciendahotels, die entweder ihren alten Stil den modernen Erfordernissen angepaßt haben (Beispiele gibt es in San Miguel, Dolores Hidalgo, Santa Cruz, Morelos) oder einen neuen Stil entwickelt haben, der an den alten anlehnt (etwa in Cocoyoc, Morelos, Jurica, Querétaro). Zelten ist generell nur auf bewachten Plätzen empfehlenswert. In jenen Gegenden, deren Bewohner sanfte Tourismusformen fördern wollen, werden Holzhütten («cabañas») im tropischen Regenwald oder Zeltplätze angeboten und von umweltbewußten Einheimischen betrieben (beispielsweise in Tres Garantías, Quintana Roo; La Jungla und Nanciyaga in Catemaco, Veracruz; dem Tarahumaradorf Arareko in der Barranca del Cobre oder Najá und Lacanjá in der Selva Lacandona, Chiapas).

Währung

Mexikos Währungseinheit ist der Peso ($). 1 $ = 100 centavos = ca. DM 4,50, bei ständig leicht wechselndem Tageskurs. Reiseschecks und Bargeld (kleinere Scheine) in US-Dollar sind wesentlich leichter zu wechseln als DM, insbesondere im ländlichen Bereich. Mit Ausnahme der Flughäfen ist das Geldwechseln in Banken oft etwas umständlich und selten schnell. Wechselstuben – «Casas de Cambio» – sind in fast allen größeren Städten anzutreffen, es sei denn, sie liegen in abgelegenen Gegenden. Internationale Kreditkarten werden weitgehend akzeptiert, insbesondere in Hotels und Restaurants.

Zoll

In Mexiko können 2 Liter alkoholische Getränke, 50 Zigarren oder 400 Zigaretten oder 260 Gramm Tabak sowie 24 Filmrollen zollfrei eingeführt werden. Strikt verboten ist hingegen die Einfuhr von allen frischen Eßwaren, Pflanzen oder Pflanzensamen. Die Ausfuhr von Gold, Antiquitäten, archäologischen Fundstücken sowie Kakteen ist ebenfalls nicht erlaubt. Die Zollkontrolle erfolgt nach dem Zufallsprinzip – der Gast drückt auf den Knopf einer Ampel: Bei Grün darf er ungeschoren weitergehen, bei Rot wird sein Gepäck sorgfältigst untersucht.

Das Hotel «El Paraíso» in San Cristóbal.

Menschen, Orte, Begriffe

Kursive Seitenzahlen verweisen auf Abbildungen, farbige Quadrate und fett gedruckte Seitenzahlen auf Specials, farbige Balken auf Spotlights.

Menschen

Orte und Begriffe

Farben- und Blütenpracht: Hochlandmaya (oben) und Orchideen (unten). Links eine Maske aus Teotihuacán.

Der Zoo in Tuxtla Gutiérrez gehört zu den schönsten des Landes (oben). Ebenfalls ein Muß: die alte Silberstadt Taxco in Guerrero (unten).

Der Anblick von Kirchen und Kakteen begleitet den Reisenden in Mexiko. Besonders prächtig: die Kathedrale von Chihuahua (rechte Seite).

Bildnachweis Impressum

Der Fotograf:
Christian Heeb, geboren 1962 in St. Gallen, arbeitet als freier Reisefotograf für Buchverlage und Magazine weltweit. Er ist Bildautor von über fünfzig Bildbänden. Er lebt in Bend (Oregon) und ist Mitglied der Fotografenagentur LAIF in Köln.

Die Autorin:
Sigrid Diechtl, Studium der Anthropologie in Mexiko-Stadt. Seit 1993 dort im Tourismus- uns Umweltbereich tätig. Zahlreiche wissenschaftliche Artikel, Radiobeiträge und Vorträge. Autorin und Koautorin von mehreren Büchern über Mexiko. Lebt in Mexiko-Stadt.

Einbandfotos:
Vorderseite: Teppichverkäufer (links), bei Mulegé in Baja California (rechts).
Rückseite: Die Kukulkánpyramide in Chichén Itza.

S.1: Mariachi-Kapelle, S. 3 Chac-Mool-Figur (links), Kakteenlandschaft in Baja California (rechts).

Unser Gesamtverzeichnis finden Sie unter www.bucher-verlag.de

Mexiko · Bucher Global

Konzeption: Axel Schenck
Lektorat: Claudia Meßmer
Bildgestaltung: Joachim Hellmuth
Bilddokumentation: Ulrich Reißer
Graphische Konzeption:
Michael Keller
Graphische Gestaltung:
Frank Duffek, München
Herstellung: Gabriele Kutscha
Repro: Compumedia München
Printed in Germany by Passavia

Alle Angaben dieses Werkes wurden vom Autor sorgfältig recherchiert und auf den aktuellen Stand gebracht sowie vom Verlag geprüft. Für die Richtigkeit der Angaben kann jedoch keine Haftung übernommen werden. Für Hinweise und Anregungen sind wir jederzeit dankbar. Bitte richten Sie diese an:

C.J. Bucher Verlag
Produktmanagement
Postfach 80 02 40
D-81673 München
E-Mail: lektorat@bucher-verlag.de

Textnachweis

Das Kapitel S. 70ff. sowie die Specials auf S. 56 und S. 68f. schrieb Roger Franz, Publizist und Studienreiseleiter mit Schwerpunkt Mittel- und Südamerika in München.
Das Kapitel S. 122ff und das Special auf S. 131 stammen von Ortrun Engelkraut, freie Journalistin und Autorin mehrerer Bücher über Mexiko in Berlin.
Die Specials S. 36 f. und S. 107 schrieb Jutta Schütz, Journalistin und Autorin in Roßdorf.
Die Daten für das Special auf S. 24 f. stellte Claudia Meßmer zusammen, Amerikanistin und freie Lektorin in Geisenhausen.
Alle anderen Texte schrieb Sigrid Diechtl, Mexiko-Stadt.
Das zitat auf S. 10 stammt von Pablo Neruda: Ich bekenne, ich habe gelebt. Darmstadt und Neuwied, Luchterhand Verlag 1974.

Bildnachweis

Archiv für Kunst und Geschichte, Berlin: S. 24 u. l., 60 (3), 61 u., 113 u., 131 u., 156.
Hans Joachim Arndt, Friedberg: S. 56 r. und l. M.
Hans-Joachim Aubert, Bonn: S. 37 u., 38 o., 69 u.l., 81 r.M.
Bildarchiv Preußischer Kulturbesitz, Berlin: S. 24 o. (2), 25 M., 131 o. (2).
Bilderdienst Süddeutscher Verlag, München: S. 24 u. (3. und 4. Bild v. l.), 25 u. (2).
Gertrude Duby – Fototeca Na Bolóm, San Cristobal de las Casas, Chiapas: S. 136/137 (5).
Frank Duffek, München. S. 84 l.u., 85 u., 129 r., 130 l.u.
Das Fotoarchiv/Nick Souza, Essen: S. 80 (2), 81 l. (2), r. o. und u.
Roger Franz, München: S. 68, 69 r., 84 l. o., 150 r. u.
Interfoto, München: S. 24 u. (2. Bild v.l.), 25 o., 56 o. und u., 112 u. (2).
laif bildagentur/Miguel Gonzales, Köln: S. 92 l.(2), 93 l. o.
Klaus-Jürgen Ledermann, Boveden-Harste: S. 21 r. o., 111.
Heike Pott, Mülheim: S. 69 u. M., 77.
transit Fotoagentur/Peter Hirth, Leipzig: S. 48/49, 58/59, 69 l. o.

Alle anderen Fotos stammen von Christian Heeb, CH-St. Gallen.

Die Holzschnitte auf S. 24, 68 und 69 stammen von José G. Posada.

Wir danken Frau Antje Landshoff vom Verlag Rogner & Bernhard für die Erlaubnis, aus dem Buch von Gertrude Duby Blom: Na Bolóm, Im Zeichen des Jaguar, Fotografien 1943–1983, Hamburg 1990, zu reproduzieren.

Die Karten auf den S. 10/11, 51, 71, 87, 103, 123, 149 und 152/153 zeichnete Astrid Fischer-Leitl, München.

Die meteorolischen Daten der Klimatabellen auf den S. 146 und 147 stammen vom Deutschen Wetterdienst in Hamburg.

Wir danken allen Rechteinhabern und Verlagen für die Erlaubnis zu Nachdruck und Abbildung. Trotz intensiver Bemühungen war es nicht möglich, alle Rechteinhaber zu ermitteln. Wir bitten diese, sich an den Verlag zu wenden.

Die Deutsche Bibliothek – CIP-Einheitsaufnahme
Ein Titeldatensatz für diese Publikation ist bei der Deutschen Bibliothek erhältlich.

ISBN 3-7658-1144-0